KB059954

# 교사를 위한 코칭상담

Coaching
Counseling

# = 목 차 =

# 머 리 말

상담은 내담자의 언행과 마음, 생각 등에 대해서 수정, 보완, 제거, 극복, 그리고 성장과 성숙을 돕는 전문적인 기술이다. 교육부 학교폭력예방 어울림 프로그램을 학교 현장에 적용하고, 학교 현장을 컨설팅을 하면서 선생님들이 학생들을 지도하는데 어려움을 호소하는 것에 대해서 십분 공감하였다. 전문적인 상담지식과 임상훈련이 부족한 선생님들을 돕고 싶은 마음에 본서를 정리하였다.

본서는 청소년 심리이해, 적응과 부적응 행동심리, 폭력심리, 학생지도를 위한 코칭 상담원리, 학생지도를 위한 코칭 상담실제, 상담기술의 실제, 그리고 집단상담 프로그램 실제 등으로 구성하였다. 학교현장에서 선생님께서 학생을 효과적으로 코칭상담 하는데 기본 매뉴얼로 사용되길 바라며, 현장에서 학생지도에 수고하시는 선생님들의 노고에 감사하고 격려하면서 ...

2014년 12월 ...

金相仁

# Ⅰ. 청소년 심리이해

Coaching
Counseling

Ⅰ. **청소년 심리이해**

# I. 청소년 심리이해

인간은 자신의 행동에 대해서 옳고 그름을 막론하고 인정받기를 원한다. 특히 사춘기 학생은 자신의 언행과 감정표출 등에 대해서 인정을 받고 싶어 한다. 또한 또래 친구들에게 자신의 모든 것을 무의식적으로 인정받기를 원한다. 기본적으로 청소년은 자신의 언행에 대해서 지적하거나 수정을 요구하면 핑계를 대거나 합리화하는 심리가 있다. 더 나아가서는 자신의 언행에 대해서 정당화 하려는 욕구 때문에 무의식적으로 다양한 방어기제를 사용함으로서 자신을 보호하려고 한다.

## 1. 인정받으려는 심리

청소년은 인정욕구 충족을 통해서 자신의 갈등과 고통

을 완화시키며 표현하게 된다. 그런가하면 청소년은 자신의 말과 행동에 대해 인정받을 때 행복을 느끼며 자존감을 형성하게 된다. 청소년이 자신의 부모와 가족, 그리고 친구들로부터 인정받지 못할 때에 좌절감, 패배감, 그리고 폭력적 언행을 통해서 자신을 방어하게 된다. 인정욕구가 높은 사람일수록 타인의 부정적인 피드백을 받게 되면 우울감정을 경험하게 된다(이정은, 2008).

청소년은 또래집단 속에서 부족함과 결핍 상황을 경험하게 되면 인정욕구가 더 강하게 작용한다. 인정욕구가 채워지지 않을 때에 일탈행위를 통해서 인정욕구 보상을 추구 하게 된다. 그 결과 부적응 행동과 학교폭력에 쉽게 노출 될 수 있다. 청소년은 종종 자신의 모든 언행에 대해서 인정받으려는 욕구 때문에 정신적 스트레스 상황을 경함하게 된다. 청소년에게 있어서 적절한 인정욕구는 개인과 가정, 학교생활에 긍정적인 결과를 준다.

청소년 시기는 자신의 욕구충동에 의해 말하고 행동하는 경향이 높기 때문에 가족과 친구들에게 피해를 주게 된다. 인간의 욕구는 내부에서 일어나는 발생적 욕구와 외부 환경자극에 의해서 발생 되는 반응욕구로 구분한다

(Henry Murray 1999). 청소년의 인정욕구는 무의식적 동기를 가지고 있어서 보상과 인정이 필요하다(Hjelle & Ziegler, 1990).

사춘기 학생들이 대중 즉, 또래집단에게 인정받으려는 강한 욕구가 적절하게 조절되지 않으면 문제행동을 하게 될 확률이 높다. 따라서 교사가 사춘기 학생들의 인정욕구에 따른 과시행동과 우월행동에 대해서 초기 대응을 적절하게 하지 못하게 된다면 더 큰 문제로 발전될 수도 있다. 즉, 교사가 청소년기에 강하게 표출되는 인정욕구에 따른 일탈적 언행에 대해서 잘 인식하고 적절한 초기대응이 필요하다.

## 2. 핑계(이유) · 정당화 심리

청소년은 기본적으로 자신의 행동에 대해서 핑계거리와 이유를 가지고 정당화 하려고 한다. 자신의 실수들에 대해서 그 즉시 잘못을 인정하려고 하지 않는다. 일차적으로 핑계와 이유를 말하면서 그 상황에서 벗어나려고 하는 경향이 높다. 핑계의 심리는 책임을 회피하려는 심리로 재정의 된다. 자신의 행동에 대해서 책임을 지려고 하지 않는다. 핑계는 내키지 아니하는 사태를 피하거나 사실을 감추려고 방패막이가 되는 다른 말과 이유를 내세우는 언행이다. 다시 말해서 청소년은 자신의 잘못한 언행에 대하여 이리저리 돌려 말하는 경향이 높으며, 구차한 변명을 늘어놓는 행위를 본능적으로 하게 되는 시기이다.

사춘기 학생들의 특징 가운데 하나가 바로 자신의 언행에 대한 수정을 요구하는 부모나 교사에 반감을 가지고 핑계를 된다는 것이다. 사춘기의 학생들은 자신의 잘못된 행위에 대해서 반성하기 보다는 정당화하고 이유를 설명함으로써 곤란하고 난처한 상황을 회피하고 책임을 다른 사람에게 돌리기도 한다. 청소년시기의 돌발적인 행동은 상당수가 무의식적인 부분이 많으며 이미 밖으로 표현된 언행에 대해서는 핑계를 되며 정당화 하려는 심리가 있다. 따라서 청소년을 지도하는 일선교사는 청소년기의 일탈적 행위에 대해서 핑계와 정당화를 무의식적으로 추구하는 시기임을 인식하고 초기 대응에 있어서 감정읽기와 코칭상담을 적절하게 함으로써 대처해야 한다.

## 3. 영웅(대중) 심리

**청**소년기의 발달적 특징 중 하나가 대중심리 즉, 영웅 심리 이다. 이 시기는 다른 사람들이 자신을 전혀 의식하지 않아도 스스로가 대중을 의식하면서 행동하는 시기이다. 청소년 시기는 자신이 자신을 어떻게 평가하고 인정하느냐의 문제보다 다른 사람 또래 집단 내지 이성친구가 나를 어떻게 평가하고 있는가에 더 집중되는 심리가 있다. 이러한 영웅 심리는 청소년기에 긍정적인 발전을 준 반면에 종종 일탈적 행위에 대해서 본이 아니게 적극적으로 가담하게 된다. 따라서 일선교사는 청소년기 아이들이 자신의 영웅 심리를 긍정적으로 표출 되도록 도울 수 있어야 한다. 영웅 심리로 인한 학생들의 일탈 행위에 대해서 감성코칭 상담으로 적절하게 대처해야 한다.

**교**사에게 반항하고 각을 세우는 청소년 심리는 교사에게 불만이 있기 보다는 사춘기적 특징인 무의식 행위가 대부분이다. 또한 이 시기는 교사와 대치하고 있는 자신의 모습에 대해 또래 친구들이 어떻게 자신을 바라보느냐에 관심을 더 가지고 있다. 따라서 교사는 학생과 대치

상황에서 감정적으로 교육적 지도로 밀어 붙이기보다는 감성코칭 상담을 통해서 지도하는 지혜가 필요하다. 교사가 교실에서 제자와 대치하는 순간 30대1일의 상황이 되기 쉽다. 따라서 교사는 교실에서 보다는 교무실이나 학생생활지도실 또는 Wee Class 실에서의 감성코칭 지도가 효과적이다. 청소년시기에는 또래 친구들 앞에서 자신의 행위가 평가받고 지적 받는 것에 대해서 수용하려는 태도가 현격히 부족하다. 그러므로 교사는 교실 안에서 제자의 일탈적 행위에 대해 개별적 지도와 코칭상담을 적절하게 활용해야 한다.

## 4. 과시하려는 욕구

사춘기 청소년기는 무의식적 과시욕을 나타내는 시기이다. 과시욕은 말과 행동으로 자신을 친구들에게 표현하는 심리이다. 과시욕은 관심을 끌기 위한 것, 열등감을 숨기려는 것, 자존심을 살리는 심리가 공존하는 심리이다. 청소년기에 과시욕을 조절하지 못하게 되면, 주변 친구들을 괴히는 심리와 폭력심리로 발전되기 쉽다. 과시욕(잘난 척)은 친구들 사이에 비교심리로 작동하게 되면서 은연 중에 또래 친구들에게 상처를 주거나 받을 수 있다. 과시욕은 자기애 성향에서 나온 심리이다. 과시욕은 여성에 비해 남성에게서 더 심하게 나타난다. 이 과시욕은 인정욕구와도 관련되어 있다. 청소년기에는 자기애 즉, 과시욕이 잘 조절되지 않는 시기이다. 그래서 청소년기에 과시욕은 일탈 행위를 유발하기도 하며, 폭력이나 왕따를 당하게 되는 원인이 되기도 한다. 과시욕이 친구들 사이에 자신을 각인시키는 심리적 도구로 사용될 때에는 교사와의 충돌이 되는 원인으로 발전되기도 한다. 따라서 교사는 청소년기에 과시욕에 대해서 수용하고 감성코칭 상담으로 대처 할 수 있어야 한다.

## 5. 관심을 끌려는 욕구

**청**소년 시기는 또래 집단에게 무의식적으로 관심을 끌려는 강한 심리가 나타난다. 부모에게서 관심을 얻지 못한 학생일수록 학교생활에서 또래 친구들로 하여금 관심을 집중시키는 언행을 하게 된다. 관심을 끌기 위한 언어는 대부분 심한 욕설로 표현되며, 행위에서는 학생의 신분으로는 적절하지 않는 옷과 외모를 연출한다. 관심욕구는 무관심에서 나오는 심리 중에 하나로 평상시 주변사람들에게 관심을 받지 못한 사람에게 나타나는 자연스러운 심리행동이다. 이 관심욕구가 부정적으로 나타날 때에 학교생활에서 일탈행위로 연결되는 경우가 많다. 이러한 관심욕구는 교사에게도 부정적인 행동을 보이면서 나타난다. 그런가하면, 또래 친구들에게 관심욕구를 끌어내기 위해서 교사에게 반항하고 대항하는 언행을 하기도 한다. 청소년기에는 이러한 관심욕구를 통해서 자신을 PR하고 자존심을 내세우기도 하는 가운데 일탈행위도 주저하지 않는다. 따라서 교사는 관심욕구를 통해서 자기표현을 하고 친구들로 하여금 호응을 얻고자 하는 학생들에 대해서 감정과 교육적 훈계 이전에 감성코칭 상담 측면에서 접근해야 한다. 일탈행위로 관심욕구를 보이는 학생에 대해 교사는 일차적으로 수용하고 행위에 대한 지도 이전에 그 심리를 이해하고 초기 대응을 해야 한다.

## 6. 방어기제를 사용하는 심리

방어기제는 인간이 살아가면서 갈등과 좌절, 그리고 고통을 경험하는 가운데 자동적으로 표현되는 심리적 과정이다. 청소년기에는 자신의 행동을 정당하거나 이해를 원하는 부분들에 대해서 무의식적으로 방어기제를 사용하게 된다. 대표적인 방어기제는 거짓말, 어떠한 사실에 대해서 부인하는 것, 그런가 하면, 폭력적인 언행을 통해서 자신을 방어하는 경우가 나타난다. 방어기제는 무의식적인 언어와 행동을 하는 것으로 자신도 무슨 방어기제를 사용하는지를 의식하지 못하면서 사용하게 된다. 방어기제는 인간의 본능, 양심, 그리고 현실 사이에서 일어나는 필연적인 갈등 속에서 자동적으로(무의식적으로) 자아가 사용하는 기제이다. 그러나 청소년기에는 즉흥적인 방어기제로 거짓말과 부인하는 행동으로 자신의 잘못이나 실수를 피해 간다.

방어기제는 개인이 불안 또는 불쾌한 감정을 완화, 소멸시키기 위해 현실을 왜곡하는 과정이다. 인간은 자존심을 위협하거나 불안을 증가시키는 상황이 일어날 때에 자신의 성격적 특성 및 동기가 의식되지 않도록 하기 위해서 방어기제를 사용한다. 방어기제는 어떠한 문제나 스트레스 상황에서 정서중심의 대처의 범위에 사용되는 정신기제이다. 방어기제는 사람들이 위협적인 충동이나 외부의 위험에 직접적으로 대응하기보다는 자기 자신의 자아를 보호하기 위해서 무의식적으로 현실을 왜곡하는 과정이다. 이러한 부분들은 주로 무의식적으로 나타나며 억압, 부인, 부정, 투사, 억제, 합리화가 그 예이다.

**방**어기제는 인간의 본능적인 욕구와 외부적인 현실사이의 중재이며, 신경증적 대응방법이라고 볼 수 있다. 방어기제는 유년기에는 생존전략이자 보호막으로 유용하게 사용되며, **사춘기는** 생물학적인 욕구의 갑작스런 증가를 지연시키거나 방향을 잡아줌으로써 감정의 안정을 회복시키기 위해서 사용된다. 성인기에는 무의식적으로 사용되어서 대인관계에 어려움을 겪는다. 또한 방어기제는 자존심에 위협을 받거나 불안을 느끼는 것을 회피하거나 적응하는 행동이며, 불안이나 불쾌감정을 완화하거나 소멸하기 위해서 현실을 왜곡하는 과정이라고 할 수 있다.

**방**어기제는 정신병적 방어기제와 미성숙한 방어기제,

그리고 신경증적 방어기제와 성숙한 방어기제 가 있다. **학생들이 자주 사용하는 방어기제는 부정[1], 왜곡[2], 합리화[3], 퇴행[4], 투사[5], 부정적 동일시[6], 투사적 동일시, 소극적 공격적 행동[7], 치환[8] 행동화[9]등이다.**

---

1) 사실에 대한 불인정하는 심리적 태도
2) 사실을 왜곡하거나 다르게 인식하고 해석하려는 심리
3) 자신의 언행과 다른 사람에 표현과 행동에 대해서 자신을 보호하기 위해서 자신의 입장에 유리하게 정리하려는 심리
4) 자신이 입장이 불리하거나 위협을 느끼게 될 때에 움츠리는 심리, 갑자기 어린아이와 같이 행동하는 것.
5) 투사는 받아들일 수 없는 욕구, 충동, 태도, 행동을 무의식적으로 타인이나 환경 탓으로 돌리는 과정이다. 자기의 결점을 어떤 사람이나 사물을 통해 비난을 하기도 한다. 또한 투사는 우연적이고 비합리적이며 상징적인 원인에다 비난을 하는 것으로 다른 것이다 실패의 원인을 돌리는 것이다.
6) 자신을 마치 유명한 배우나 폭력적 장면에 동일시하여 자신을 나타내거나 관심을 끌려는 심리
7) 이 방어기제는 관심을 끌기 위한 행동으로 어리석은 행동, 돌발적인 행동을 한다. 또한 경쟁적인 행동을 피하기 위해서 우스꽝스러운 행동을 한다.
8) 부모님이나 다른 사람에게 불만들을 친구에게 화풀이 하는 심리
9) 행동화는 신체적인 행동을 사용하거나, 비행 혹은 충동적 행동을 하는 것이다. 또한, 자신의 감정을 자각하는 것을 피하기 위해서 성질을 부린다. 그런가하면, 긴장(불안, 우울)을 완화하기 위해서 약물사용, 태만, 타락 혹은 자해적인 행위를 한다.

# II. 적응과 부적응 행동심리

Coaching
Counseling

# Ⅱ. 적응과 부적응 행동심리

인간이 자신에게 주어진 상황에 적응과 부적응의 여부는 정신건강 및 인성과의 관련이 있다. 최근 청소년들이 학교와 가정에 부적응으로 인한 다양한 문제가 발생되고 있다. 가정 안에서의 부적응은 학교 현장으로 이어지고 결국 사회 문제가 된다. 학교 현장에서의 부적응 문제는 학습저하, 또래집단에서의 왕따, 교사와의 갈등, 폭력, 심지어는 자살까지 이어지고 있다. 따라서 부적응 문제는 인성교육의 문제와도 관련이 있다. 인성이 올바른 사람은 다양한 환경에 적응하는 데에 유리하다. 인성은 부정적인 환경과 상황의 유혹을 벗어 날 수 있는 의지와 조절할 수 있는 능력이 있다. 가정의 인성교육의 부재는 학교생활의 부적응 하는 학생들과 관련이 있다. 따라서 가정에서의 인성교육은 반드시 이루어져야 하며 그 연장선상에서 학교에서도 역시 체계적이며 제도적인 인성교육이 필요하다.

## 1. 적응 행동심리

적응은 어떤 환경에 적절하고 유익하게 대처할 수 있는 역량으로 외부 세계의 현실에 적당히 맞추는 활동과 통제를 포함한다. 적응은 한 개인이 주어진 환경 사이에 '함께 어울림(adaptedness)' 의 의미로 이끄는 심리적 과정이기도 하다. 즉, 함께 어울림은 인성의 척도 중에 하나로 사회성이며 공동체 의식이다.

적응의 문제는 한 개인의 요구(욕구) 충족 측면에서도 이해할 수 있다. 따라서 인간이 내적 요구(욕구)와 소망(목적)을 충족시키기 위해 환경을 바꾸는 것을 외부변형(alloplastic)이라고 부른다. 반대로 개인이 외부세계에 맞추어 자신을 내적 및 심리적으로 조정하는 것을 내부변형(autoplastic)이라고 한다. 따라서 적응은 인성과 관련하여 한 개인이 다른 개인과의 협력이며 조화이며 균형이다.

적응은 자아, 원 본능, 초자아, 외부 세계 사이에 조화로운 관계를 맺는 능력의 기준이 된다. 따라서 정신분석학에서는 인격형성이란 안정된 보호 환경을 내재화하여 외부 환경을 수정할 수 있도록 한 개인의 적응적 역량과 능력을 증진시키는 것을 의미한다.[10] 이러한 측면에서 인성은 인간이 환경과 사회구성원들과의 적응과 관련이 있다. 인성교육의 목표 중에 하나는 현재 자신의 환경과 상황에 적응 하는 능력이다. 학교생활의 적응과 사회생활의 적응, 그리고 원만한 대인관계이다. 즉, 타인의 언행에 대해 배려하고 공감하는 태도와 자세가 중요하다.

## 2. 부적응 행동심리

부적응은 일정한 조건이나 환경 따위에 맞추어 적응하지 못하는 것을 의미한다. 부적응은 가정 · 사회 · 직장, 그 밖의 환경적 요구에 자신을 적응시키지 못하고 있는 상태를 말한다.[11] 이것은 인성교육의 부재로 나타날 수

---

10) Hartmann, H. (1939). *Ego Psychology and the Problem of Adaptation*. New York: Int. Univ. Press, 1958.
Weinshel, E. (1971). *The ego in health and normality*. JAPA, 18:682-735.

11) 교육학 용어사전/Hartmann, H. (1964). *Essays in Ego Psychology*. New York: Int. Univ. Press, 1964.

있다. 인성교육의 부재는 개인과 환경과의 관계에서 조화를 이루지 못한 상태인 부적응으로 표출된다. 인성교육의 부재로 나타난 부적응은 어떤 조건에 의해 저지된 경우 또는 두 개 이상의 욕구가 있어 그것을 동시에 만족시킬 수 없을 때를 의미한다. 더 나아가서 사회적으로 승인되지 않는다든가, 병적으로 이상한 행동을 할 때, 이것을 부적응 행동이다.12) 이러한 부적응은 가정의 인성교육 부재를 시작으로 학교의 인성교육의 부재 가중 될 수 있다는 점이다.

**부**적응의 원인은 개인의 능력의 결함이나 성격이상으로 나타나기도 한다. 또한 개인이 처한 환경이 좋지 못해서 사람의 기본적 욕구가 충족되지 못하기 때문에도 부적응을 가져오는 경우가 있다. 구체적인 부적응의 원인은 가정폭력, 결손가정, 부모의 양육태도 등이다. 이 모든 것 역시 인성교육의 부재로 온 결과이다. 가정폭력과 부적응은 자녀에 대한 가정폭력의 피해는 연령이 어릴수록 치명적이다. 가정폭력을 경험한 청소년은 주어진 환경과 상황

12) 체육학대사전/ Michaels, R. & Yaeger, R. K. *Adaptation*. PMC. Forthcoming. Waelder, R. (1930). *The principle of multiple function*. PQ, 5:45-62, 1936.

에 부적응 하게 되고 바람직한 성장에 문제와 장애를 일으켜서 반사회적 행동을 유발하게 될 확률이 높다. 가정폭력을 경험한 청소년들은 자아존중감이 낮고, 대인관계에서도 위축되며, 성격특성이 파괴적, 반항적이고 과도한 불안 증세가 나타난다. 이러한 결과는 학교생활에 부적응하게 되고 폭력의 가해자와 피해자에 노출되기 쉽다.

## 3. 결손가정과 부적응

결손가정과 부적응은 관련이 있다. 작금에 와서 편부모와 미혼자녀의 비율은 계속적으로 증가추세이며 사별보다는 이혼, 미혼부모 증가율이 높아 가고 있다. 부부의 갈등은 이혼이나 별거로 이어지고 자녀에 대한 무관심이나 폭력으로 발전된다. 그 결과 사춘기 청소년은 부적응, 학교폭력에 노출된다. 또한 심한 경우에는 약물남용, 가출, 정신질환 등의 문제가 나타난다. 아동기는 행동상의 문제와 적응상의 문제가 더 자주생기고 여아의 경우 감정을 주로 내면화시켜 우울해지거나 사회적으로 위축되는 경향이 있다. 중고등학생의 경우 무책임한 부모에 대한 분노와 적대감을 갖게 되어 주어진 환경에 부적응 하게 된다.

**결**손가정의 심각한 문제는 어느 한쪽 부모가 실제로 없는 것보다 부모가 있으나 부모의 역할을 제대로 하지 못하는데 있다. 결손가정의 자녀는 심리적 정서적 문제가 나타나게 된다. 즉, Mothering Complex[13], Fathering Complex[14] 가 문제이다. 결손가정은 가족 간의 대화부족으로도 나타나기도 한다. 대화가 부족한 가정에서 자란 아이는 왕따, 게임중독, 스마트 폰 중독과 같은 매체에 쉽게 빠지게 될 확률이 높다.

13) 엄마의 역할 부재로 나타나는 심리적 현상으로 애착, 불리불안, 정서적 불안, 관심욕구, 인정욕구, 사랑욕구 등 인간의 기본정서가 불안정 하여 주변 사람들을 힘들게 한다. 즉, 어린아이와 같은 행동과 정서적 표현과 욕구로 자신을 비롯하여 관련된 사람을 힘들게 하는 정서이다.

14) 아빠의 역할 부재로 나타나는 심리적 현상으로 대인관계, 사회성에 문제가 되기도 하며, 가부장적이거나 독재와 같은 지배적 욕구가 나타나기도 한다. 모든 일에 수동적이며, 자신감 결여로 인하여 소극적인 태도와 자세를 보이게 되어 주어진 일에 책임감이 부족하다. 심한 경우 반사회적 행동으로 자신을 표현하는데 일관하기도 한다. 또한 어려운 일이나 곤란한 상황에 처 할 때에는 퇴행적 행동을 하게 된다.

## 4. 부모의 양육태도와 부적응

부모의 양육태도와 부적응은 배척, 무관심, 편애, 과잉보호, 독재 등으로 설명된다.

배척은 부모가 청소년에 대한 관심은 있지만 청소년의 행동이나 생활에 대해 감정적으로 대하거나 미워하는 태도이다.

무관심은 청소년들이 자신의 문제나 고민에 대해 의논하려고 해도 제대로 상대해 주지 않으며, 부모로서 청소년들에 대해 최소한의 간섭도 하지 않는 태도이다.

편애하는 가정에서 자라나는 청소년들은 질투심이 강하고 다른 형제들을 미워하게 되며 심한 경우 가정을 벗어나 방황하게 된다. 또한 다른 사람과의 안정적인 인간관계를 맺기 힘들다.

과잉보호는 부모들이 자녀를 위해 맹목적으로 사랑하며 극도로 헌신하는 생활을 통해 자녀의 모든 일을 대신해 주는 것이다. 부모의 지나친 사랑은 자녀가 정서적으로 미발달하도록 하고 청소년이 스스로 할 수 있는 기회를 박탈하게 되어 독립성을 결여시키며 의존적인 상태에 머물게 한다.

독재는 부모들이 자녀가 아닌 자신의 가치와 욕구 충족을 기준으로 청소년들의 행동이나 생각을 바라보고 있어 자녀에게 항상 부족함과 실망을 느끼며 자녀의 모든 의사나 행동에 반대하는 양육태도이다. 독재는 부모의 권위적 태도에 불만과 증오심을 가지고 부모의 기대에 대한 복수나 주목을 받기 위해 비행행동을 하게 된다. 이러한 부적응은 정신병 · 신경증 · 범죄 등 이상심리의 원인이 되기 때문에 상담과 심리치료 또는 생활지도의 도움을 받아야만 한다. 그보다 선행되어야 하는 문제는 가정에서의 인성교육이며, 학교에서의 인성교육이다.

이와 같은 부모의 양육태도는 부적응 생활태도를 가지

게 된다. 이 부적응 생활태도는 학교 기본생활의 부적응, 학교폭력, 왕따, 인터넷 중독, 게임중독, 스마트 폰 중독 등에 쉽게 노출된다.

# III. 청소년심리와 폭력성(공격심리)

Coaching Counseling

Ⅲ. 청소년 심리와 폭력성(공격심리)

# Ⅲ. 청소년 심리와 폭력성(공격심리)

폭력성과 공격심리는 인간이 태어나면서부터 선천적으로 가지게 되는 심리이다. 사회는 인간의 본능적 폭력성을 발산시킬 수 있는 장이 된다. 인간은 본능적으로 동물적 충동에 의해 폭력행위에 이끌리며 그 행위를 통해서 자신의 욕망을 합리적으로 처리하게 된다. 폭력성은 분노, 흥분, 신경과 관련된 본능적인 행동으로 이해할 수 있다. 폭력성은 개인과 가정, 그리고 사회 공동체에 공포와 불안을 준다. 폭력행위는 개인의 인성과 관련되어 있어 육체적, 정신적, 심리적 피해를 줄뿐만 아니라 범죄행위이다. 성숙하지 못한 인성은 분노와 갈등과 같은 부정적인 정서에 대해 자기조절 능력이 부족하여 폭력행위로 이어질 수 있다. 일반적으로 동물세계에서 폭력행위는 음식물, 지배, 세력권, 성적 행동 등을 위한 경쟁의 결과로 나타난다.

인간의 폭력행위는 동물세계와 무관하지 않다(Freud, Lorenz & Ardrey). 한발 더 나아가서 인간은 스트레스, 분노, 갈등, 대립, 열등감 등과 같은 심리 · 정서적 부분과 관련되어 폭력성이 나타난다. 이러한 폭력행위와 심리는 인성과 밀접하게 상호작용하게 된다. 폭력행위는 자신의 목적을 달성하는 도중 어떠한 장애를 감지한 경우에 본능적으로 반응하는 행위 중 하나이다. 이러한 본능적 폭력행위는 다른 사람을 해치는 것은 물론 사회법과 질서를 무너트리게 되어 행복과 안녕을 위협하게 된다(Takashi, 2006). 선천적인 공격성·폭력성은 청소년기에 조절하는 능력이 부족하다. 따라서 폭력적 공격적 언행에 대해서 감정코칭 상담학적 접근이 필요하다.

폭력은 거칠고 사납게 다른 사람을 제압하거나 주먹이나 발 또는 몽둥이 따위로 억누르는 힘을 의미한다(실용국어사전, 2013). 폭력의 본질을 이해하기 위해서는 생물학, 심리학, 인류학, 정치학, 철학 등에 접근이 필요하다. 그러나 본서에서는 심리학적인 측면을 중심으로 접근하고자 한다. 폭력은 행위 발생자체를 본능적 즉, 생득적(生得的)으로 보는 부분과 환경적 또는 학습적(學習的)으로 접근하려고 하는 대립구도를 가지고 있다. Sigmund Freud(1949)는 인간의 공격성(폭력성, 투쟁)을 본능적으로 접근했으며, K. Z. Lorenz는 폭력을 동물생태학적인 면에서 보았다. 또한 인간은 욕구불만 공격설로 반작용, 즉 공격성을 말했다. 반면에 Albert Bandura(1973)는 관찰학습설로 공격행동이 학습되어지는 것으로 보았다.

**폭**력의 발생근원은 환경적, 사회적, 학습적, 심리적으로 연결되어 있어 개인과 가정, 그리고 공동체에 해를 주는 것으로 인성과 밀접하게 관련되어 있다. 따라서 폭력문제는 성장발달과정에서의 인성교육과 관련된다. 폭력은 공포와 불안 같은 혐오스러운 자극으로 다른 사람을 공격하는 행동이다. 그 공격성은 폭력심리에서 비롯된다. 폭력심리는 본능과 개인내적요인, 욕구불만(동기), 학습 3가지 측면에서 논할 수 있다(Bandura, 1973, Freud, 1949, Lorenz, Zizek, 2012).

## 1. 본능과 개인내적 폭력성

폭력성은 인간의 본능(instinct)과 깊은 관련이 있다. Freud는 인간에게 원래 공격성과 파괴를 추구하는 내적 충동이 있다고 가정했다(Freud, 1949). 인간은 동물적 성향 때문에 생득적으로 공격성이 있다. 이 공격성은 인간의 본능에서 비롯된다(Lorenz). 이러한 공격 에너지는 발달과정에서 자연스럽게 개인적 성향에 축적되어 환경적인 유발요인과 상호작용 하면서 행동으로 나타난다. 왜 인간은 폭력 없이는 살아갈 수 없는 것일까? 인간은 공격억제장치를 상실한 불완전 동물인가? 이 질문에 대해 Freud는 인간의 본능적 공격본능으로 설명했다.

폭력성은 본능적 접근으로 개인 내적 접근이 있다. 이 이론은 개인의 생물학적 특성과 유전자 또는 염색체의 이상, 개인 내적 병리현상 등 성격이상으로 공격적 성격과 성격장애로 인한 폭력성을 의미한다. 또한 이 이론은 정신이상으로 다른 사람이 이해할 수 없는 사고와 행동, 감각의 왜곡을 동반하는 정신질환, 그리고 정서와 행동 간에 부조화내지는 분리되어 있는 정신분열에 의한 폭력을 말한다(Reber & Reber, 1985). 이 이론에 의하면, 폭력 가해자는 성격적인 결함, 정신병, 사회병리학, 그리고 알코올중독과 약물남용에 의해서 자행된다. 또한 가해자는 개개인의 비정상적인 심리 특성과 요인들에 의해서 폭력을 행한다. 최근 청소년 상담 경험에 의하면, 전두엽의 이상에 따른 감정조절 미숙, 공감능력 저하와 같은 현상에 따른 폭력이 나타나고 있다.

**개**인 내적인 이론은 가해자와 피해자 역시 공격성, 의존성, 낮은 자존감, 그리고 손상된 심리적 기능을 가지고 있는 것을 전제한다. 이러한 특성은 강박장애, 편집증, 경계선적 성격장애 등에 대해서 강박 증상으로 관련하여 설명할 수 있다. 이러한 견해는 폭력성이 전적으로 개인의 성격적 특성이나 손상된 심리적 정황에서 일어나는 것으로만 보려는 이론이다. 이처럼 학교폭력에 가담하고 있는 청소년들을 이 이론에 근거하여 이해하고 접근할 필요가 있다.

## 2. 욕구불만(동기)와 폭력성

사람은 본능적으로 다양한 욕구와 동기에 의해 말하고 행동한다. 그러면서도 그것이 지향하는 목표는 흔히 상호 배타적이며, 둘 이상의 목표를 동시에 실현한다는 것은 어려움을 호소한다. 인간의 욕구와 동기는 힘에 의해 언행으로 표출된다. 폭력에 대한 동기(drive) 이론은 노여움 등의 불쾌한 내적 충동이 만족되지 않으면 공격적 행동이 일어난다는 '욕구불만-공격'의 가설을 주장한다(Dollard).

폭력 즉, 공격은 항상 욕구불만을 전제로 하며 공격의 강도는 욕구불만의 양에 비례하게 된다. 욕구불만은 그것 자체가 공격이나 폭력행동의 충분조건이라기 보다는 노여움이 공격의 준비상태를 만들어 내도록 하는 충동적 공격성이다(Berkowitz). 청소년은 자신이 처한 환경과 상황에 대해 적응능력과 수용력이 부족하기 때문에 폭력에 노출되기가 쉽다. 또한 공격적 행동은 좌절을 경험하는 가운데 나타나기도 한다. 공격적 행위는 미성숙 단계의 행동으로 퇴행(退行)현상이 나타난다(O. Becker, Berkowitz, 1993).

피학습자들은 종종 해결 불가능한 상황들에 대해 좌절을 경험하게 되며, 목표를 향한 문제해결 행동과 질적으로 구별되는 무목표 행동을 한다. 이러한 결과의 대부분은 폭력적 언행으로 표출된다(Meyer). 다시 말해서 욕구불만 동기 이론에 있어 폭력성은 내적인 불만족, 좌절, 미성숙한 상태, 무의미에서 나타난다. 이러한 측면에서 욕구불만 동기 이론은 인성과 관련이 있다. 인간은 좌절을 겪고 주변 환경 때문에 절망을 경험하면서 폭력행동을 하지만, 반대로 우울성 또는 위축된 행동을 하기도 한다. 이 이론은 스트레스 요인들과도 연관성이 있다고 주장한다. 인간의 욕구불만과 갈등은 권위와 권력의 불균형에 의해서 나타나는 것으로 언어적, 신체적, 정신적 폭력성과 관련이 있다(Livingston, 2002).

## 3. 사회학습과 폭력성

사회학습 이론은 폭력성을 본능적으로 보지 않는다. 폭력성은 스트레스와 좌절감에서 오는 것이 아니라 사회학습에 의한 반복으로 정의한다(social learning theory). 폭력성은 사회 속에서 학습되고 몸에 익히고 유지되는 사회적 행동이다. 특히 어린아이는 타인이나 미디어를 통하여 공격행동을 학습하고, 습득된 공격행동은 자기의 과시나 사회적 복수를 통하여 강화되고 유지되는 것으로 설명한다(Bandura, 1977). 더 나아가서 폭력성은 가장 문명화된 인간이 문명 속에서 폭력을 배양한다는 지적도 있다. 문명인의 항쟁은 사회적 행위로서 학습되고 폭력적 행위를 통하여 자신의 욕구를 획득한다. 따라서 폭력성은 사회와 상황, 그리고 환경적인 요인에 영향을 받는다(Fromm). 폭력은 사회생활에서 학습되는 가운데 정치, 노동, 권력 등에서 비롯된다. 본능과 심리적 좌절을 초월한 학습적 이론 역시 인성과 관련된다(Bandura, 1977).

폭력성은 사회학습과 더불어 사회문화적 입장에서 설명할 수 있다. 사회구조가 힘 있는 자들에 의해서 주도되거나 역사의 흐름 가운데 약자가 피해를 받을 수 있는 문화를 가지고 있을 때에 폭력행위가 폭력이 아닌 것으로 용인되기도 한다. 특별히 약자 즉, 여자와 어린이들에게 폭력을 하는 것은 폭력이라고 보지 않는 문화적인 배경을 가지고 있는 사회에서 폭력이 더 빈번하게 발생하게 된다. 한국문화 사회는 가정폭력에 대해서 관대한 사회라고 볼 수 있다. 특히 한국사회가 아직은 다양한 폭력행위가 용인되고 당연시되는 사회라는 것을 볼 때에 사회문화적 이론을 쉽게 이해할 수 있다(Girard, 1972).

결과적으로 인간의 폭력성은 어떤 목표를 향한 행동이 심리적 갈등이나 능력 부족, 또는 방해를 받을 때 표출된다. 폭력성은 자신의 욕구가 외부 환경과 상황으로부터 저지당할 때에 나타나기도 한다. 또한 욕구의 만족을 얻지 못한 상태와 그와 같은 상태에 놓인 사람의 혼란 · 당황 · 짜증스런 감정상태 · 욕구불만 · 요구저지(要求沮止)에서 발생하기도 한다. 그런가 하면, 폭력성은 타인의 행동학습이나 사회적 관습의 문제로 자행되기도 한다. 종합해보면, 폭력성은 본능적, 사회 학습적, 욕구불만의 동기, 사회 문화적 측면에서 이해되는 것으로 인성교육과 반비례한다.

## 4. 대중매체와 폭력성

인간은 환경뿐만 아니라 환경에 대한 인식방법과 태도에 중요한 영향을 받는다. 인간은 신문, 잡지, 만화, 소설, TV, 영화, 비디오, 음악 등을 시청각적으로 반복하여 접함으로써 충동적으로 폭력행위와 공격적인 언행을 학습하게 된다(여성한국사회연수회 편). 현대인들은 과학문명이 발전하면서 인터넷과 같은 영상 대중 매체를 통한 시각적 정보를 자주 접한다. 그 결과 사람들은 충동적이며 공격적 성향을 해소하기 위해서 비교적 안전한 대상으로 가정 구성원, 학교 또래 집단, 약하고 자주 만나는 사람들에게 폭력을 행하게 된다. 사람들이 대중 매체를 통해서 얼마나 자주 반복적으로 폭력물에 노출되어 있느냐에 따라서 폭력성의 정도가 정해질 수 있다. 즉, 한 개인이 폭력성의 프로그램을 시청하는 분량과 횟수에 따라서 폭력의 수위가 결정될 수 있다(Martin, 1988).

대중매체와 폭력성은 인터넷과 스마트 폰이 많이 보급되면서 더욱 더 밀접하게 관련되어 있다. 실제로 스마트 폰과 인터넷을 통해서 폭력과 음란물에 노출 된 학생은 그렇지 않은 학생보다 훨씬 더 폭력적인 언행을 하게 된다.

지금까지 논한 바와 같이 인간의 폭력성은 다양한 측면에서 설명된다. 폭력행위는 본능, 욕구불만과 동기, 폭력행위 학습, 사회문화적 묵인, 대중매체에 이르기까지 관련되어 있다. 성장과정에서 폭력을 경험한 사람은 그렇지 않은 사람보다는 폭력 가해자가 되기가 쉽다. 폭력을 경험한 사람은 폭력의 가해자와 피해자가 될 가능성이 그렇지 않은 사람에 비해 높다. 이러한 폭력성은 한 개인의 인성의 성숙도와 관련된다. 성장과정에서 인성교육을 잘 받은 사람은 그렇지 않은 사람에 비해 폭력성에 노출될 확률이 낮다. 성숙한 인성으로 성장한 사람은 폭력적인 상황에 놓였을 때에 폭력성을 조절하는데 있어서 유리하다.

# Ⅳ. 학생지도를 위한 코칭상담 원리

Coaching
Counseling

# Ⅳ. 학생지도를 위한 코칭상담 원리

## 1. 교장(교감)은 교사를 감성코칭

행복한 학교를 만드는 것의 첫 단추는 최고 관리자인 교장과 교감선생님의 역할이 매우 중요하다. 이 두 분의 선생님들은 학교를 경영하고 운영하는데 책임이 있을 뿐 아니라 학교 문제에 있어서도 책임을 져야 하는 위치에 있다.

관리자인 두 분의 선생님은 학생들을 직접 가르치지 않는다. 학생들을 최 일선에서 가르치는 것은 평교사이다. 평교사는 학생들의 일탈행위에 대해 직접적인 관찰자이며 목격자이고 피해자이다. 또한 학생들과 각을 세우고 대치하는 것 역시 교장과 교감 선생님이 아니라 평교사들이다. 이때에 평교사의 정서적 안정(스트레스)정도에 따라서 대처하는 방법이 다르게 나타나게 된다.

**교**사가 정서적으로 안정되고 기분이 좋은 상태에서 학생들의 일탈행위를 보는 것과 스트레스 상황을 경험하고 볼 때에 교사의 대처 방법은 차이가 있다. 따라서 관리자인 교장선생님은 평교사에 대해 행정 관리자로만 지도력을 발휘하는 것이 아니라 인격적인 감성코칭을 해야 한다.

**교**사는 교실에서 학생들과 긴장 상태를 종종 경험하게 된다. 교사는 또한 가정생활에서의 스트레스와 학교에서의 직무스트레스를 받는다. 따라서 관리자인 교장선생님은 교사를 상대로 감성코칭으로 협력관계를 형성하는 것이 우선되어야 한다. 평상시에 감성코칭을 받고 있는 교사들은 정서적 안정을 유지하는데 유리하다. 안정적인 상태에서 교사가 학생들과의 대치상황이 된다면, 대처와 대응을 적절하게 할 수 있게 된다. 반대로 교사가 가정과 직장생활에서 스트레스를 받고 있는 상태라며, 학생들의 행위에 대해서 감정적으로 대처하게 될 확률이 높다. 그 결과는 교사와 학생 모두가 피해자가 되게 된다. 즉, 교사는 자신의 감정 상태에 따라서 학생의 행위가 크게 보일 수도 있고, 작게 보일 수도 있기 때문이다.

## 2. 교사 간 공감과 소통

**학**교의 문제는 학생과 학생 사이에 발생하는 폭력, 왕따와 같은 사안이 대부분이다. 학생과 학생 사이에 발생하는 사건이 같은 반에 학생이 아니라 다른 학생과의 문제 이거나 학년이 다를 경우에 교사 간의 협업관계가 문제를 푸는데 도움이 된다. 평상시에 교사와 교사 간의 공감과 소통이 있었던 관계와 그렇지 않는 관계 사이에는 결과적인 측면에서 차이가 있다. 따라서 같이 근무하는 교사는 평상시에 동료 교사와 공감과 소통이 있는 교제가 필요하다.

## 3. 교사와 학부모 공감과 소통

교사 특히, 담임을 맡은 교사는 평상시 학부모와의 공감과 소통이 중요하다. 학생문제는 학부모와의 문제로 연결된다. 학생문제에 대한 학부모의 반응은 평상시 교사와의 관계에 따라서 각각 다르게 나타난다. 교사가 평상시 학부모와 좋은 관계를 가지고 있다면 학생문제 처리가 비교적 원활하게 된다. 그러나 평상시에 전혀 공감과 소통이 없는 가운데 학생문제가 발생했다면, 그 원인과 결과에 대해 교사의 책임으로 돌리려는 경우가 대부분이다. 따라서 교사가 학생과 학부모 코칭상담을 위해서는 학부모와의 관계에서 공감과 소통을 유지하는 것이 중요하다. 교사는 담임을 맡은 학기 초에 학부모와의 소통과 공감에 노력해야 한다. 예를 들면, "문자, 학급 부모모임 카카오톡, 밴드, 라인" 등으로 운영하는 것이 좋다. 여기에 방장이나 리더는 어머니 중에 선정하여 운영하는 것이 효과적이다.

## 4. 교실에서 학생들과 30대 1로 대치하지 말자

**교**사는 교실에서 학생과의 돌발적인 문제로 발생되는 긴장관계에 대해 잘 대처해야 한다. 이에 대한 원칙은 절대로 교실에서는 학생과 대치하지 말아야 한다. 교실에서 교사가 학생과 대치하는 즉시, 30대 1일이라는 상황에 놓여진다. 지금까지 사례에서 보면, 교실에서 학생과의 대치한 교사가 유리한 경우는 드물다. 교실은 약 30명의 학생과 한명의 교사가 있다. 그리고 교사와 학생과 대치하는 경우 학생들이 동영상 촬영을 하는 경우가 있다. 그 촬영은 처음부터 하는 것이 아니라 교사가 이미 심하게 분노하고 감정이 상한 상태에서 대응하는 부분부터 녹화되는 경우가 대부분이다. 따라서 교사는 수업 중에 학생과 대치되는 상황에서 자신의 감정과 지도를 간략하게 전달하여 상황을 종료하고 교무실에서 해결하는 것이 좋다.

**예를 들면,**

"길동아 지금 선생님이 기분이 매우 좋지 않구나. 더 이상 말하게 되면 선생님도 감정적으로 행동하게 될 것 같다. 지금은 수업시간이기 때문에 친구들을 위해 수업하고 수업 끝나고 둘이 교무실에서 이야기 하자" 하는 정도에 대처로 마무리 하는 것이 좋다.

## 5. 교무실(상담실)에서 감성코칭

**교**실에서 대치한 사례에 대해 교무실에서 감성코칭은 중요하다. 학생이 교무실로 오는 순간 교사의 수가 많게 된다. 방금 전 교실에서 상황과는 반대가 된다. 교사로서 상황적으로 유리한 조건이 되는 것이다. 따라서 우리한 조건을 확보한 교사는 코칭상담 차원에서 잘 대처해야 한다. 이때에 교사의 코칭상담은 학생행동의 변화를 주는데 효과를 준다.

**예를 들면,**

**일**단 교무실에 내려 온 길동이 에게  달달한 간식거리를 준다. 안 먹은 경우가 대부분인데 교사가 출출하다고 말하면서 함께 먹으면 먹는다. 이러한 처치는 서로의 감정을 가라앉히는데 도움이 된다. 잘 먹으면 하나 더 권하는 것도 효과적이다. 그 다음 "길동아 교실에서 네가 선생님에게 한 것에 대해서 너의 솔직한 마음을 듣고 싶다. 선생님은 교실에서 너무 기분이 강하고 화가 났다. 그래도 선생님이 어른이고 너를 가르치는 스승인데 너의 행동과 말은 심하다고 생각하는데 길동이 생각은 어떠니, 길동이 네가 그렇게 말하고 행동하는 그 이유를 좀 알고 싶다" 임상 실험에 의하면, 이러한 방향을 가지고 코칭상담의 질문과 직면이 효과적이다.

## 6. 교실에서 학생지도는 신중히 하자

학생이 교실에 교사에게 무려한 행동을 했거나 수업에 방해 되는 행위를 했을 때에 지도는 신중해야 한다. 인간 즉, 청소년기의 특징은 또래집단 친구들에게 관심을 끌려는 욕구, 과시욕구, 영웅심리 등이 있다. 이러한 심리가 작용하는 청소년 학생들은 교사의 지도와 훈계 또는 잘못의 지적에 대해서 본능적으로 순응하지 않는다. 사춘기 청소년은 명백한 잘못에 대해서도 지적하게 되면 일단 자신을 방어하려는 핑계와 합리화를 하게 되며, 이유와 원인을 만들어 방어하게 된다. 더욱이 자신을 지켜보고 있는 친구들 사이에서 심하게 나타나는 경우가 대부분이다. 따라서 될 수 있으면, 교사는 기본에서 벗어나는 학생의 일탈행위에 대해 교실에서 수정을 요구하는 것을 절제하고 교무실, 상담실에서 코칭상담으로 지도해야 한다.

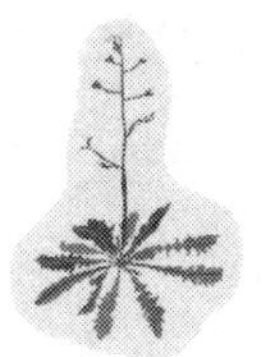

## 7. 스트레스 받았을 때에 행동

교사가 자신이 처한 상황과 환경에서 스트레스를 받았다면 한 박자 쉬는 것이 수업과 학생지도에 도움이 된다. 교사는 자신이 스트레스를 받은 상태에서 수업과 학생지도를 하게 되면 그 효과가 감소되고, 원치 않는 방향으로 상황이 전개될 수 있다는 것을 인식해야 한다. 자신이 대처하기 어렵거나 스트레스 정서가 유지된 상태에서는 학생지도를 자제 하는 것이 좋다. 그러나 스트레스 상황에서 수업을 진행하기 원하면, 다음과 같은 방법이 효과적이다.

예를 들면,

"애들아 오늘 선생님이 개인적인 사정이 있어서 기분이 좀 좋지 않다. 선생님도 조심하겠지만, 너희들의 협조 필요해 수업 시작하자."

그러나 학생 코칭상담은 다음 기회로 하는 것이 좋다. 하루 또는 2-3일 정도 지나서 서로의 감정이 누그러진 상태에서 하는 것이 효과적이다.

# V. 학생지도를 위한 코칭상담 실제

Coaching
Counseling

**V. 학생지도를 위한 코칭 상담실제**

# V. 학생지도를 위한 코칭상담 실제

## 1. 교사의 지시를 따르지 않는 아이(반항, 저항)

교사가 학생의 언행을 교정하기 위해서 지시하거나 교훈을 할 때에 반항하거나 저항할 때가 있다. 또한 학생이 교사 말하는 것에 대해 '왜요? 뭐라고요? 반문하면서 반항하거나 저항하는 경우도 있다. 때로는 학생이 교사의 말에 대해서 무시하는 행위를 할 때가 있다. 이때에 교사가 대처해야 하는 초기 코칭상담 대응이다. 그 상황에서 더 이상 말을 주고받지 않는 것이 좋다.

### * 학생심리 이해

이러한 학생은 우선적으로 부모와의 관계에서 분노와

불만의 감정이 억압되어 있을 수 있다. 그렇다면, 학생은 가정에서 부모의 일방적인 대화로 감정표현의 미성숙함을 드러내고 있는 것이다. 부모가 위협적인 대화를 반복했거나 권위적(힘)으로 아이의 행동을 통제한 결과로 무의식적으로 저항15)의 방어기제를 사용한다.

*** 교사의 코칭상담**

"길동아 너 지금은 말하고 싶지 않구나! 그럼 선생님하고 언제 이야기 할까? 10분후? 30분후? 아니면 내일? 길동아 네가 시간을 정해라 선생님이 시간을 한번 맞춰볼께! 말하고 싶을 때에 선생님에게 콜 해라 어색하면, 문자로 말해도 좋고 길동이 마음과 생각을 알려줘라."

15) 저항(resistance): 감정의 억압을 유지시키려는 무의식적 표현으로 불만이나 불안을 일으키는 감정에 대해서 간단하게 표현하거나 말을 하지 않는 신경증적 방어기제이다.

## 2. 교사에게 말대꾸 하는 학생(존대말과 반말로)

교사의 훈계와 행동 교정에 대해 꼬박 꼬박 이유를 대면서 존대말로 또는 반말로 말대꾸 하는 학생이 있다.

### * 학생심리 이해

이 학생은 교사의 훈계에 대해 일단 억울하다는 마음을 가지고 있을 수 있다. 왜 자기만 훈계 하느냐는 불만의 마음부터 재수 없게 자신만이 걸렸다는 마음이 자리잡게 된다. 이런 학생은 지금 선생님의 훈계에 대해서 감정적으로 대처하고 있어서 교사의 말을 들으려고 하는 마음이 없다는 것이다. 들을 자세가 안된 학생을 훈계 하는 것은 시간 낭비이다. 이런 학생은 때로 신경증적 이지화16) 방어기제를 사용하기도 한다.

16) 이지화(intellectualization): 이지화는 정서적으로 위협이 되는 상황에 대해서 추상적 또는 지적인 용어를 사용하여 초연하게 보이려는 방어기제이다. 이지화 방어기제를 쓰는 학생은 자신의 억울함과 불만을 교사에게 말대꾸하는 형식으로 하는 경우가 있다.

## * 교사의 코칭상담

“길동아 너 지금 많이 억울하구나! 길동아 이 상황에 대해서 또는 너의 말과 태도에 대해서 선생님이 어떻게 생각해 주길 바라니 말해 볼래! 선생님도 지금 기분이 좋지 않아 길동이 너의 마음이 정리되면 이야기 하까? (약 2-3분이 지나도록 말을 하지 않을 때에는) 그럼 길동아 너 하고 싶은 말을 선생님 이 메일 또는 핸드폰 문자로 보내라 선생님이 궁금하기도 하고 선생님도 기분이 나뿐 마음을 정리하고 풀어야 하니까?”

## 3. 교사에게 자극적 행위를 하는 학생(성질 돋우는)

학생이 교사의 수업내용이나 지시에 대해서 거부하면서 자극적인 말과 행동으로 성질을 돋우는 경우가 있다. 잘못을 시인하기 보다는 친구 핑계를 되거나 여타한 핑계를 만들어 가면서 교사를 약 올리는 경우이다.

### * 학생심리 이해

이 학생은 평상시 교사에 대한 불만이 많은 학생일 가능성이 높다. 또한 이런 학생은 정서적으로는 열등감과 피해의식이 있을 수 있다. 그래서 자기 자신을 무의식적으로 투사[17] 하면서 방어하는 것이다. 일상적인 가정생활과 또래집단 친구들 사이에서 억압된 마음이 있는지 탐색이 필요하다.

17) 투사(projection): 타인에 대하여 받아들이기 어려운 생각이나 감정을 타인에게 돌려서 타인이 그와 같은 생각이나 감정을 가지고 있다고 간주하는 것이다. 투사는 자기 내부에 있는 타인에 대한 증오감이 무의식 중에 타인에게 돌려져 그가 자기를 증오하고 있다고 생각하는 정신병리적 방어기제이다.

## * 교사의 코칭상담

"길동아 너 불만이 많구나! 선생님도 너의 행동에 대해서 많이 화가 난다 지금 이야기 하면 대화가 되지 않을 것 같다. 한 시간 후에 다시 이야기 하자, 선생님 생각이 어때?" 이러한 학생을 바로 응대하면 결국 선생님이 목적하고 의도 했던 생활지도의 효과가 떨어진다. 따라서 한 발 물러서 안정적인 감정 상태가 될 때에 지도하는 것이 효과적이다.

## 4. 교사에게 친구를 고자질 하는 학생

학생 중에는 친구의 말의 실수나 행동, 그리고 비밀스러운 부분에 대해서 즉각적으로 또는 시간이 지난 후에 고자질 하는 학생이 있다.

### * 학생심리 이해

이 학생은 선생님의 힘을 이용하여 친구를 공격함으로써 자신의 입지를 굳히려 하는 것과 심리적으로는 선생님을 향해 인정욕구를 갈구하는 것이다. 또한 자신이 피해를 입을 까봐 걱정하여 사전에 방어하는 행위로 대인관계가 미흡한 학생이다. 이 학생은 동일시[18]라는 미성숙한 방어기제를 사용할 경향이 있다.

18) 투사적 동일시(projective identification): 무의식 속에 있는 어떤 특징적인 행위에 대해서 다른 사람에게 투사하면서 동일시하는 과정으로 고자질 하는 그 내용이 그 학생의 문제로 존재한다는 것이다.

**＊ 교사의 코칭상담**

“길동아 친구가 ‘담배’ 피는 것이 걱정되어서 선생님에게 알려주는 것이지 고맙다. 친구를 걱정해 주는 길동이 마음이 참 좋아 보인다. 길동아 그럼 선생님과 함께 친구를 어떻게 도울 수 있는지 생각해 보자. 길동아 너는 그 친구를 어떻게 도와 줄 수 있다고 생각하니” 길동이가 볼 때에 왜 그 친구가 담배를 피우는 것 같니? 선생님이 어떻게 하면 좋겠니? 만약에 그 친구가 지금처럼 너의 잘못을 선생님에게 말한다면 길동이 기분은 어떨 것 같아? 하는 코칭상담을 통해서 길동의 의도성을 길동이가 직면할 수 있도록 도와준다.

## 5. 교사에게 자신의 피해를 하소연 하는 학생

친구들 사이에서 항상 자신이 손해 보았다고 하소연하거나 누구 때문에 어쩔 수 없었다고 하소연 하면서 합리화 하는 학생이 있다.

### * 학생심리 이해

이 학생은 자신의 억울함을 공식적으로 호소함으로써 선생님의 관심을 끌고 있는 것이다. 자신이 친구들로부터 피해를 입었다고 호소한다는 것은 스스로 자신이 약하다는 것을 말하고 있는 것으로 자신의 행위를 합리화[19] 하려는 심리가 있다. 또한 관심욕구와 피해의식 및 공명정대를 통한 보상심리도 있을 수 있다.

---

19) 합리화(rationalization): 자신의 진정한 행동의 동기는 무의식 속에 숨기고 그럴 듯한 구실로 자신의 주장을 정당화 하려는 것과 좌절이나 불안을 극복하기 위해 현실을 왜곡하여 자존심을 지키려는 신경증적 방어기제이다.

**＊ 교사의 코칭상담**

"길동이 말을 들으니까 선생님이 길동이 마음을 알 것 같구나. 선생님에게 말하기까지 많이 망설였을 텐데 길동이 생각과 마음을 말해 주어서 고맙다. 혹시 길동아 선생님에게 이 말을 했을 때에 선생님이 어떻게 도와주었으면 하고 생각한 것 있니? 그런 것이 있으면 말해 봐라" 라고 직면질문을 통해서 길동이가 의도하는 마음을 스스로 알 수 있도록 도와준다.

## 6. 교사를 놀리거나 자존심을 건드릴 때

학생이 다른 교사와 비교하거나 신체 일부분에 대해서 빈정거리는 말과 표현을 하는 학생이 있다. 또 자기네들끼리 교사의 별명을 정해 놓고 공공연하게 놀리는 학생과 교사의 약점을 건드려서 자존심을 상하게 하는 학생도 있다.

### * 학생심리 이해

이 학생은 교사를 놀림으로서 자신을 친구들에게 과시하려는 욕구가 강한 것이다. 이 학생은 선생님을 매개로 하여 친구들 사이에서 자신의 입지를 굳히고 아울러 친구들에게 인기를 얻어 자신의 영역을 넓히고자 하는 의도가 있다.

## * 교사의 코칭상담

"길동아 선생님 지금 화가 많이 났다. 그리고 당황했어! 선생님을 상대로 길동이가 이렇게 말할 정도면 선생님에게 하고 싶은 말이 있거나 불만이 있는 것 같은데 그것 말해 봐라! 그리고 너 선생님에게 한 행동을 보면 대범하고 배짱이 있는 것 같은데, 그 용기를 너의 장래 꿈을 키우는데 사용하면 어떨까 싶다. 어째든 길동아 선생님 마음이 안정되면 이야기 하자 지금은 너의 말에 대해서 선생님 마음이 안 좋다. 그리고 너의 진로에 대해서도 이야기 해 보자"

## 7. 교사를 상대로 성희롱을 할 때

교사를 상대로 특별히, 남학생들이 여교사를 상대로 성희롱을 할 때가 종종 있다. 교사의 외모를 포함하여 화장 및 옷맵시, 자극성 있는 농담이나 질문 등을 통해서 교사를 희롱하는 학생이 있다. 그런가하면, 교사의 일상적인 습관을 가지고 희롱을 할 때도 있다.

### * 학생심리 이해

이 학생은 성적인 호기심이 많거나 선생님을 좋아하거나 또는 선생님에게 불만이 있어서 골탕 먹이려는 속마음이 있다. 또 이 학생은 실제적으로 성적인 충동과 갈등을 해결하지 못하는 학생일 수도 있다.

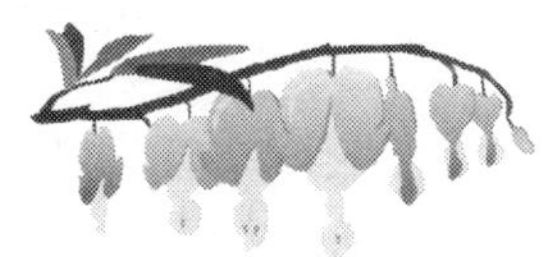

## * 교사의 코칭상담

"길동아 선생님에게 이러한 표현까지 하는 것으로 보아서 길동이가 이성친구와 성적인 부분에 관심이 많아 보인다. 그런데 선생님은 지금 기분이 나쁘고 불쾌하다. 앞으로 선생님의 기분을 생각하면서 질문/말했으면 좋겠다. 그리고 길동이가 알고 있는 성적지식과 선생님이 알고 있는 것이 별 차이가 없을 거야 그런데 혹시 도움이 된다면 보건선생님이나 상담선생님하고 이야기 해 봐라"

## 8. 성적인 표현을 하는 학생

미술시간이나 노트에 성적인 표현 즉, 성기를 그리는 학생들이 가끔 있다. 이들 학생은 대부분 미혼 교사를 상대로 하게 되는 경우가 대부분이다.

### * 학생심리 이해

이 학생은 성적호기심과 선생님을 골탕 먹이려는 의도성이 있다. 또한 선생님에 대한 관심을 부정적으로 표현하려는 심리가 있다. 청소년기에 잘 못된 성적 호기심을 주변사람들을 불쾌하게 만든다. 극단적인 심리로는 집착적 성적문제를 가지고 있을 수 있다. 요즘 청소년들은 인터넷 매체와 스마트 폰 등으로 야동을 접하게 되면서 성적 혼란과 문제를 무의식적으로 드러내는 경우가 종종 있다.

## * 교사의 코칭상담

"길동아 청소년기에 성적 표현은 매우 자연스러운 것이다. 그러나 의도성 있는 성적표현은 상대방의 기분을 상하게 한다. 그리고 길동아 성희롱은 그 표현을 하는 사람입장에서 판단되는 것이 아니고 받아들이는 사람 입장에서 판단되는 것이란다. 문자, 그림, 이메일 등으로 상대방의 허락 없이 보내고 표현 하는 것은 성희롱으로 문제가 된다. 길동아 성에 대해 궁금하면 정상적인 방법으로 질문하고 성적 호기심과 갈등에 대해서는 상담을 통해서 해결하는 것이 좋겠다."

## 9. 성적행위를 하는 학생

수업시간에 성적행위를 하는 학생들이 있다. 즉, 자위행위, 성기노출, 또는 동성애적 행위를 하는 학생들이 가끔 있다.

### * 학생심리 이해

성적표현으로도 부족하여 성적 행위를 하는 학생들이 가끔 있다. 즉, 자위행위, 성기노출, 성적접촉, 팬티 노출 등이다. 이러한 학생들은 애정결핍 심리, 피해의식, 절제되지 않는 성적욕구 등에 심리가 있다. 또한 극한 경우 성적 수치심, 성추행, 성희롱, 성폭행을 경험한 경우에도 일어날 수 있는 심리적 현상이다. 따라서 교사는 학생의 행위를 탓하기 전에 원인과 이유에 대해서 신중하게 접근하고 진단해서 코칭상담을 해야 한다. 또한 야동을 많이 보는 학생들에서도 무의식적으로 나타나는 현상이기도 한다.

*** 교사의 코칭상담**

"길동아 그렇게 행동하면 무슨 생각이 드니? 마음은 어떠하고, 왜 그렇게 행동해야겠다고 생각 했니? 네가 지금 무슨 행동을 했는지 설명할 수는 있겠니? 등의 질문을 통해서 길동이 스스로가 자신의 행동에 대해서 자각할 수 있도록 도와주어야 한다. 그 이후에는 길동아 선생님은 너의 잘못된 행동보다는 길동이가 왜 그랬을까? 하는 생각을 더 하게 된다. 길동아 너의 행위를 보고 선생님 마음은 어떻겠니? 선생님 기분이 너무 좋지 않고 불쾌하다. 길동아 너의 행동은 너 자신과 친구들에게 매우 좋지 않은 행동이라는 것을 알고는 있니? 길동아 더 힘들어지기 전에 너의 마음을 스스로 알 수 있도록 전문가 선생님의 도움을 받아야 할 것 같다 길동아"

## 10. 콘돔가지고 노는 학생

학생 중에는 콘돔을 가지고 친구들 사이에 보여주면서 노는 학생과 선생님에게도 의도적으로 보여주는 학생들이 있다. 이 외에도 음란물(그림이나, 잡지, 동영상)을 가지고 친구들 사이에서 자랑하는 학생들이 있다.

### * 학생심리 이해

학생심리는 또래 아이들에 비해 열등감이 높고, 자존감이 낮을 수 있다. 음란물을 통해서 자신에게 집중하도록 유도하는 심리는 부정적인 우월감을 표출함으로써 주변의 관심을 집중하려는 심리가 있다. 또한 성적 혼란감과 욕구를 해소하려는 심리도 작용한다고 이해할 수 있다.

*** 교사의 코칭상담**

이러한 학생은 일차적으로는 무관심 하는 태도를 보여주어야 한다. 학생 행위에 크게 반응하지 말아야 한다. 교사의 코칭상담은 청소년기 자연스럽게 나타나는 행동정도로 반응하는 것이 중요하다. 그리고 길동이의 다른 행위나 모습에 대해서 관심과 칭찬을 해야 한다.

예를 들면,

"길동아 헤어스타일이 좋아 보인다. 또는 옷맵시, 키, 표정, 얼굴 및 신체의 특정 부위에 대해서 순간 관찰하여 관심을 가지고 칭찬하는 것이다. 또한 학생의 연령에 맞는 인기 연애인에 대한 관심을 보이면서 화두를 바꾸어서 질문하는 것이다. 그리고 길동아 이런 행동을 하면 마음이 어떠니?, 지금 너의 마음은 어떠니?"

## 11. 각종 핑계로 수업을 빼먹는 학생

학생들이 주로 몸이 아프다거나 좀 쉬고 싶다는 핑계를 대면서 수업을 공식적으로 빼먹을 때가 있다. 또 친구와의 불편한 관계와 노골적으로 교사 사이가 안 좋다는 핑계로 수업을 거부하는 학생도 가끔은 있다.

### * 학생심리 이해

이 학생은 학습동기와 의욕이 없는 학생이며 공동체 생활을 회피하려는 마음으로 책임감이 부족하다. 이 학생은 자기만 생각하는 자기중심적 사고로 다른 사람의 간섭으로부터 회피하려는 행동이다. 또한 일상적인 생활이 불규칙하여 자신도 모르게 무기력 심리가 반복되는 행위 일 수도 있다.

*** 교사의 코칭상담**

"길동아 지금 수업을 듣기가 답답하고 재미가 없었구나! 그래 선생님도 가끔 수업을 하기 싫을 때가 있단다. 그 때마다 누가 대신 해 주었으면 할 때가 있어 길동이 마음을 알 것 같다. 선생님이 어떻게 길동이를 도와주면 되겠니? 길동이 생각을 말해 봐라! 왜 몸과 마음이 마음대로 안 되는지 몸이 안 좋으면, 병원치료를 하고, 마음 힘들면, 심리치료와 상담을 받는 것이 좋겠다."

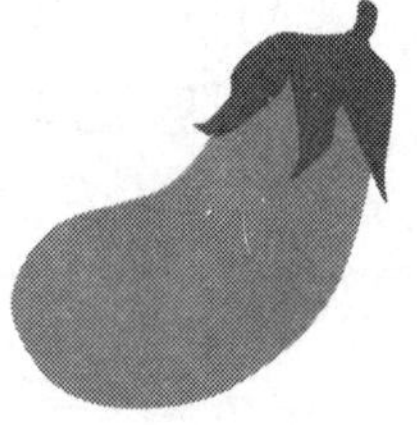

## 12. 수업시간에 교실을 나갔다 들어왔다 하는 학생

수업시간에 자주 왔다가 학생이 종종 있다. 일부 학생은 선생님에게 이야기 하지 않고 상담실, 보건실에 가서 있는 학생도 있다. 그런가 하면, 아예, 학교 밖으로 나갔다오거나, PC방에 가는 학생, 친구들을 만나러 가는 학생들이 있다.

### * 학생심리 이해

이 학생은 자기애적 심리성향에 충실하는 학생이다. 자기중심적 생각과 마음대로 말하고 움직이는 학생이다. 이러한 학생은 가정에 자주 폭력적인 상황에 노출되거나 부모의 무관심을 경험하는 학생일 수도 있다. 저 학년인 경우에는 부모의 응석받이 양육태도의 결과이기도 하다. 이 학생은 심리적으로 불안하거나 긴장되는 시간과 분위기를 견디기 어려워하는 경우가 대부분이다.

## * 교사의 코칭상담

수업시간에 말없이 나가는 학생은 나가기로 마음먹었기 때문에 제재가 어렵다. 따라서 수업시간에 나가려는 학생에게 길동아 들어 올 때, 주스, 커피, 아니면 물 한잔 부탁한다. 선생님 목마르다. 이렇게 코칭상담을 하게 되면 학생들의 행동이 차츰 차츰 감소되어 간다. 이러한 학생을 공개적으로 친구들 사이에 벌을 주거나 혼내게 되면, 교사 의도하는 대로 효과를 기대하기 어렵다. 학생은 또래친구들을 의식하면서 교사 대치 상황을 만들거나 반항하는 행동을 보이게 된다. 그 이유는 나가기로 결정하고 행동하기 때문이다.

## 13. 수업을 방해하려고 자극 하는 학생

교사를 곤란하게 만들어 수업을 방해 하는 학생이 있는가 하면, 선생님의 자존심과 약점을 이야기하여 수업을 방해하려는 학생이 있다. 또 친구들을 괴롭혀서 수업의 분위기를 흐리고 방해하는 학생이 있다.

### * 학생심리 이해

이 학생은 기본적인 학습능력이 부족하거나 실제적인 학습의 참여도가 낮은 학생으로 친구에게 자신을 돋보이게 하려는 심리가 있다. 이러한 학생의 대부분이 학습 분위기를 잘 주도하지 못하는 교사를 상대로만 방해하는 경향이 높다. 간혹 주의력결핍 과잉행동장애(ADHD)[20]를 가진 학생일 수도 있다. 여하튼 이러한 학생들은 과감한 행동으로 자신을 드러냄으로써 순간적인 재미와 친구들에

---

20) 주의력 결핍/과잉행동 장애(Attention Deficit/Hyperactivity Disorder, ADHD)는 아동기에 많이 나타나는 장애로, 지속적으로 주의력이 부족하여 산만하고 과다활동, 충동성을 보이는 상태를 말한다.

게 관심과 주목을 받으려는 심리가 있다.

*** 교사의 코칭상담**

"길동아 너 지금 수업을 받는 것보다 하고 싶은 말이 있는 것 같은데 선생님이 약 5분 정도 시간을 줄 테니까 하고 싶은 말을 앞에 나와서 해 봐라! 할 말 없으면 노래 하나 해도 괜찮고 어때? 자 길동이를 위해 박수 한번 쳐 주자!" 공개적인 상황으로 나오게 하는 것이다.

## 14. 교사의 실력을 테스트 하는 학생

선행학습을 하는 학생들 중에는 교사와 학원 교사와의 실력을 비교 테스트 하려는 학생이 있다. 또 자신의 실력을 과시하기 위해서 교사와의 실력을 비교 해보려고 애매한 질문을 하는 학생도 있다.

### * 학생심리 이해

이 학생은 교사를 곤경에 빠지게 함으로써 친구들 사이에 자신의 입지를 나타내려는 과시욕과 잘못된 성취욕구가 내면에 있다. 그러나 한편으로 무성의하게 수업을 준비해 오는 교사의 실력을 의심하여 검증하려는 행위일 수도 있다. 자신의 입지를 굳히려는 심리, 친구들 사이에 튀려는 심리, 자신의 지식을 가지고 뽐내려는 심리가 있다.

*** 교사의 초기 대응**

“길동이가 이 부분에 대해서는 선생님보다 잘 할 수 있는 자신이 있나보구나! 그래 선생님이 기회를 줄 테니까 나와서 풀어봐라(수학)/읽어보아라(영어) 학생의 결과가 잘 나왔을 때에는 칭찬해 주고 격려해 주어야 한다. 혹시 교사 자신이 알고 있는 다른 방법으로 문제를 해결했다면 학생의 창의성을 인정해주고 칭찬해 주는 말을 해야 한다. 예를 들면, 야 길동이가 푸는 방법은 선생님도 몰랐던 건데 잘 했다. 선생님도 도움이 됐다 길동아 고맙다. 우리 길동이에게 박수 한번 쳐주자!”

반대로 기회를 주었는데 하지 않고 회피하거나 합리화하는 학생들에 대해서는 너무 오래 기다리지 말고 15초 정도 지나면 바로 이어서 수업을 시작해야 한다. 그러나 이 두 경우 학생들은 개인적으로 만나서 지도하는 것이 좋다.

## 15. 교사가 학생이 두렵게 느껴질 때

교사는 학생의 계속되는 반항적 태도와 매시간 긴장시키는 행위(장난)들로 학생이 무서운 존재로 느껴질 때가 있다. 집단적으로 교사의 수업을 방해하는 행위 역시 교사는 심리적으로 불안하며 무서운 마음까지도 들 때가 있다. 또한 학생이 폭력적인 행동을 함으로써 교사의 심리를 위축 시킬 때가 있다. 예를 들면, 학교 기물 등을 파괴하거나 핸드폰이나 소지품을 던지는 행동이다.

### * 학생심리 이해

이 학생은 약한 사람을 상대로 공격적인 성향을 나타냄으로써 자신을 과시하려는 욕구와 적당한 흥미 거리로 생각하는 심리가 있다. 또한 선생님에게 부당한 대우를 받았거나 받고 있다고 생각하면 위협적인 행동을 할 수도 있다. 선생님을 반복적으로 골탕 먹임으로써 친구들 사이에서 자신을 드러내려는 심리도 있다.

### * 교사의 코칭상담

"길동이는 매시간 다른 방법으로 선생님을 긴장시키는구나! 선생님은 매시간 길동이 행동에 대해서도 기대도 되지만 솔직히 말해서 불안하기도 하다. 길동아 오늘은 선생님에게 왜 그렇게 해야 했는지를 말해 주면 좋겠다. 그리고 선생님이 어떻게 해 주었으면 하는지도 말해 주면 더 좋을 것 같다. 길동이의 마음을 알아야지만 선생님도 길동이 행동을 이해 할 수 있을 같다."

학교 기물이나 핸드폰, 친구 또는 자신의 소지품을 던지면서 위협적인 행동을 하는 학생은 일단 "길동아 그렇게 하니까 스트레스 풀리니? 사실 선생님은 그냥 너의 행동을 볼 때에는 실망스럽고 화가 난다. 그러나 한편으로는 선생님도 스트레스를 받으면 길동이처럼 행동하고 싶을 때가 가끔 있다. 무엇인가 던지고 싶고, 두더지 게임 같은 것을 통해서 마구 두드려보고 싶기도 해. " 라고 하면서 길동이 마음을 반영하는 감성코칭이 필요하다. 그 이후에 길동이와 차분하게 그 이유를 들어주고 분노와 스트레스 감정을 긍정적으로 해결할 수 있도록 도와주어야 한다.

## 16. 담배를 피우다 걸린 학생

교내에서 담배 피우다가 걸린 학생이 있다. 우연히 걸린 학생이 있고, 교사가 의도적으로 찾아내서 걸린 학생이 있다. 여선생님의 경우에는 직접지도 하기 어려워서 이름을 적어 학생생활부장 선생님에 전달하는 경우도 있다.

### * 학생심리 이해

상습적으로 담배를 피우는 학생의 경우 집에서 부모들도 알고 있는 경우가 대부분이다. 상담 경험에 의하면, 엄마가 직접 사다주는 사례도 있다. 따라서 반복해서 피우는 학생의 경우 잘못했다. 라는 의식을 갖지 못한다. 이들은 재수가 없어서 자신만 걸렸다는 생각과 우리 반에서 나만 피우나 하는 심리를 가지고 있다. 자신의 잘못을 인정하기보다는 자신의 행동을 합리화 하려는 심리가 심하게 나타난다.

## * 교사의 코칭상담

"길동아 담배 피우면 마음이 어떠니?, 어느 때에 더 피우게 되니? 만약에 담배를 피우지 않았다면, 길동이는 힘들 때, 스트레스 받을 때에 어떤 행동을 했을 것이라고 생각하니?"

여선생님 담배 피는 학생을 발견하여 마주쳤을 때에 손을 잡고 얼굴 15초 정도 바라보면서 손에 꽉 지면서 약간 흔들고 등을 두드려주고 그 자리를 떠나는 방법이 좋다. 말을 하지 말고 차분하게 감성코칭을 하는 것이다. 그러면 대부분 학생은 조금 있다가. 또는 내일 학생생활부장 선생님 또는 담임선생님이 호출을 할 것이라고 예상할 것이다. 그러나 하루 이틀, 일주일이 지나도 자신을 부르지 않으면 아이의 행동은 수정하기 시작한다. 그 다음에 교내에서 마주치게 되면 어색한 표정과 행동을 하게 될 것이다. 그럴 때에 학생을 격려하는 차원에서 손을 잡아주거나 등을 두드려 주는 코칭상담은 학생지도에 효과적이다.

## 17. 습관적으로 지각하는 학생

습관적으로 지각하면서 거짓말을 하고 잘못에 대한 인식이 없는 학생이 있다. 왜 지각했냐고 질문하면, 부모님의 한분이 아프시다. 할아버지, 할머니 등 거짓말을 하거나, 차가 고장 났다. 사고가 나서 차가 밀렸다. 등으로 핑계 거리를 만들어서 습관적으로 지각을 하는 학생이 있다.

### * 학생심리 이해

습관적으로 지각하는 학생은 가정환경 즉, 부모와의 갈등, 열악한 가정환경으로 인한 인터넷 게임, 부모의 부재로 인한 지각 등으로 다양하다. 심지어는 자신이 학교를 오는 것 자체가 부모에게 대단한 것을 해주고 있다는 생각을 가지고 있는 학생도 있다. 상담경험에 의하면, 부모가 학교를 갔다 오면, 계산해서 돈을 주는 경우도 있다. 이러한 학생들은 왜곡된 인지 사고, 잘못된 우월감, 부정적 사고, 자기애적 성향에 대한 합리화 심리가 있다.

*** 교사의 코칭상담**

이러한 학생에 대한 코칭상담의 기본은 학교에 오는 것 자체를 환영해 주는 것이다. 왜 늦게 왔니, 왜 길동이는 거짓말 하니 하는 식에 잘잘못을 따지지는 것을 하지 말아야 한다. 이러한 친구들은 대부분 아침을 먹지 못하고 오는 경우가 대부분이다. 따라서 별도의 공간을 통해서 간단하게 요기를 하면서 길동이가 처해 있는 환경과 상황에 대하여 대화하는 코칭상담을 해야 한다.

## 18. 수업시간에 습관적으로 자는 학생

수업시간에 선생님을 의식하지 않고 습관적으로 항상 자는 학생이 있다. 공식적인 수업시간을 의식하지 않고 자는 학생 있다. 교사는 학습 지도권에 의해서 있어서 묵인하고 넘어 갈 수 없는 문제이다.

### * 학생심리 이해

수업시간에 자는 학생은 학습능력 부족, 학습의욕 상실이 일차적인 원인이다. 또한 자는 학생은 불규칙한 생활습관으로 인한 피곤함, 무기력, 가정에서부터 고립심리 및 반항심리 등이 작용하게 된다. 물론 가정형편상 밤샘을 하면서 알바를 해서 자는 학생이 있으며, 밤새 게임을 해서 자는 학생, 자위행위를 많이 해서 자는 학생이 있다. 또한 청소년기의 자는 것은 신체성장통 때문일 수 있다.

## * 교사의 코칭상담

**습**관적으로 자는 학생의 심리는 선생님을 의식하지 않고, 더 나아가서 무시하는 태도이다. 교사는 이 상황에 대해 전체적인 수업 분위기 조성해야 할 의무가 있다. 그러나 이 정도가 되면 섣불리 대처하지 말아야 한다. 선생님이 도리어 곤란한 상황에 처 할 수도 있기 때문이다. **따**라서 수업을 진행하면서 습관적으로 자는 학생 옆에서서 강의를 해 본다. 왜냐하면 적어도 교실에 남아서 자는 학생이라면 대부분 어색한 모습으로 일어나게 된다. 그때에 "길동아 잘 잤니? 피곤은 풀렸고, 또는 더 자라 길동아? 수업 아직 안 끝났다." 등의 멘트를 자연스럽게 한다. 그러면, 그 학생과의 미묘한 심리 공감이 형성될 수 있다. 그러나 혹 선생님을 무시하고 계속해서 자는 학생이 있다면, 그 학생은 교실에서 선생님이 지도할 수준에서 벗어나는 학생이라는 판단을 하고 더 이상 교실에서 지도하지 말아야 한다. 이 학생은 좀 더 전문적인 학생생활지도, 상담지도로 대처하는 것이 효과적이다.

## 19. 수업 중에 휴대폰으로 촬영하는 학생

학생이 교사의 수업하는 장면이나 특정 외모나 습관들에 대해서 몰래 촬영 하는 경우가 있다.

### * 학생심리 이해

이 학생은 교사 몰래 촬영하는 행위로 인하여 친구들에게 자신이 과감한 행동을 할 수 있는 부분이 있음을 인식시키려는 심리가 있다. 또 몰래하는 행위에 짜릿한 재미와 함께 선생님에 대한 관심일 수도 있다. 또한 장난일 수도 있다.

## * 교사의 감성코칭

“길동아 오늘 동영상 촬영한 것 잘 편집해서 다음 시간에 우리 모두에게 보여 줄래 어때? 길동이가 어떤 장면을 찍었는지 선생님 궁금하다. 선생님이 호기심이 많거든 이왕이면 선생님이 나오는 부분은 멋지게 보일 수 있도록 편집 부탁한다. OK.” 그리고 이 부분에 대해서 실질적으로 진행할 수 있도록 추진 해 보는 것이다. 그러나 이런 행동이 반복되는 경우를 조심해야 한다.

## 20. 폭력(언어, 물리적, 경제적)을 행하는 학생

학생이 수업시간에 옆 친구에게 폭력을 행하는 학생이 있다. 쉬는 시간에 특정학생에게만 잦은 폭력을 행하는 학생도 있다. 그런가 하면, 돈을 갈취하는 식으로 폭력을 행하는 학생이 있다.

### * 학생심리 이해

이 학생은 일차적으로 가정폭력 피해자 일 수 있다. 즉, 부모에게 가정폭력을 당했거나, 아빠가 엄마를 상습적으로 무시하고 폭력을 행하는 것을 자주 목격 했거나 아니면 자주 부부 싸움을 하는 부모에게 양육을 받을 수도 있다. 또한 성장배경이 결손가정 일수도 있다. 결손가정은 한 부모 또는 양부모가 없이 다른 사람에게 양육된 경우와 부모가 있으나 부모의 역할에 따른 양육과 돌봄을 받지 못한 경우 일수도 있다.

## * 교사의 코칭상담

교사는 일단 학생의 결과적인 폭력을 행한 것에 초점을 맞추기 이전에 학생이 폭력적인 행동을 행하게 된 원인과 동기에 주목해야 한다. 그리고 길동이 행동에 대해서 직면시켜주는 코칭상담이 필요하다. 이 학생은 교실에서 코칭하면 안 된다. 대부분 반항하게 된다. 따라서 별도의 공간에서 코칭상담이 필요하다.

"길동아 왜 네가 친구에게 폭력을 했다고 생각하니? 폭력을 하면 마음이 어떠니? 선생님은 길동이가 친구를 때리려고 철저하게 계획하지 않았다고 생각하는데 맞니? 너도 모르게 그렇게 행동했다고 선생님은 생각하는데 길동아 너의 생각은 어때? 길동아 지금 너의 마음을 어떠니?" 등의 질문과 답을 통해서 길동이가 폭력을 하는 원인과 동기에 대해서 스스로 알게 한다.

그리고 길동이에게 학교폭력에 대한 처벌기준과 처리절차에 대해서 자세하게 설명 해주어야 한다. 이때에 교사의 복장은 가능한 정장이 유리하다.

# VI. 상담기술의 실제

Coaching
Counseling

# Ⅵ. 상담기술의 실제

## 1. 상담구조화

**상**담구조화는 효과적인 상담결과를 위한 필수 과정이다. 상담구조화는 상담자가 내담자를 체계적으로 돕기 위한 협의이자 약속이다. 상담자는 내담자에게 상담진행에 대한 전반과정을 안내하고 협의해야 된다. 상담자는 상담의 시작단계에서부터 마무리하는 시간까지 진행되는 과정에 대해 내담자에게 설명하고 동의를 얻어 협의한 것에 대해서 성실하게 상담을 진행할 책임이 있다. 따라서 상담자는 충분한 시간을 가지고 내담자와 협의 하에 상담구조화를 해야만 한다.

**상**담구조화는 상담의 유형, 상담시간, 상담회기 및 내용, 상담 장소, 상담자 선택, 상담비용, 상담자의 역할과 책임, 내담자의 역할과 책임에 대해서 안내하고 설명 하는 것이다. 내담자의 권리와 비밀보장, 상담에 있어서 일반복지와 비밀 보장, 심리검사, 상담의 목표, 보조 상담자 참여, 그리고 상담과정의 녹취 및 녹화에 대해서 충분한 논의와 협의를 한다. 그리고 상담자는 협의된 사항에 대해 필요한 부분은 내담자의 서명 받는다.

*** 현형법에 의거하여 신상정보 수집 동의서는 반드시 받아야 한다.**

상담의 구조화는 병원에서 환자의 입원과 치료, 수술 스케줄, 회복과 퇴원과정과도 비교할 수 있다. 상담과정은 외과수술 과정과 흡사하다. 상담구조화는 상담의 효과성을 높이게 된다.

### 1) 상담의 유형

상담자는 내담자에게 앞으로 진행될 상담유형 즉, 개인상담을 비롯하여 가족상담 진행여부, 전화상담 진행의 필요성, 이메일상담, 사이버상담, 핸드폰 문자 상담, 카카오톡(kakaotalk) 상담 등에 대해 안내해야 한다. 내담자의 문제 해결을 위한 상담유형에 대해서는 좀 더 구체적인 설명과 협의를 하고 진행해야 한다. 예를 들면, 전화상담할 시간, 가족이 함께 해야 할 시기와 이유 등에 대한 부분이다. 위기상담에 있어서 상담유형과 시기는 신중하게 결정 한다. 특별히, 내담자의 상담근거가 남게 되고, 노출되면 안 되는 상담, 그리고 문자, 이메일, 카카오톡, 전화기록이 남는 상담 등이 그렇다.

### 2) 상담회기(시간) 및 내용

상담자는 초기상담(intake counseling) 후 내담자와 상담 회기를 협의하게 된다. 상담자는 내담자의 정서적 상태와 문제 정도를 고려하여 전문가 입장에서 회기를 제시할 수 있다. 상담회기는 3회기, 5회기, 10회기, 12회기, 15회기 등 내담자와 협의한다. 상담자는 내담자에게 각 상담회기에서 진행될 상담내용에 대해서 안내한다. 예를 들면, 1회기 감정읽기 및 털어놓기, 2회기 가족배경 탐색, 가계도, 3회기 심리검사 등 상담회기 내용에 대해서 간략하게 설명을 하고 협의한다.

상담자는 내담자의 연령과 환경을 고려하여 상담시간을 협의한다. 상담시간은 보통 50분을 기준으로 진행된다. 청소년은 학교수업 시간에 준하여 초등학생 40분, 중학생 45분, 고등학생은 50분으로 진행하는 것이 효과적이다. 그러나 상담내용에 따라 가감할 수 있다. 상담이 진행됨에 있어 내담자의 정서적 반응과 효과성을 위해 10분 전후로 더 진행할 수 있다. 반대로 상담자의 전문성과 내담자의 요구에 따라 10분정도 일찍 마칠 수도 있다. 이 부분에 대해서 상담자는 상담을 시작하기 전에 충분히 설명하고 협의한다.

### 3) 상담 장소

**상**담 장소는 상담실을 원칙으로 한다. 그러나 가끔 내담자가  제2의 장소를 이야기할 때가 있다. 예를 들면, 커피숍, 공원, 심지어는 자신의 집 또는 사업장 등 다양하게 제시할 수 있다. 그러나 상담 장소는 자신이 근무하는 상담실에서 한다는 원칙을 지켜야 한다. 다만 상담 장소의 원칙이 예외가 될 때가 있다. 즉, 내담자가 장애인이거나 노약자일 경우에는 방문상담이 가능하다. 또한 갑자기 사고로 인해 거동이 불편할 경우이다.

**특**별한 경우, 상담자의 전문성에 근거하여 야외 장소를 선택할 수도 있다. 예를 들면, 우울증이 심한 경우 햇빛을 보는 것이 도움이 된다고 판단될 때이다. 그러나 이 때에 상담자 혼자 가는 것은 피해야 한다. 보조 상담자가 함께 하거나 가족이 함께 하는 것이 효과적이다. 그 이유는 돌발적인 상황이 벌어질 수 있기 때문이다.

### 4) 상담자 선택과 의뢰상담 안내

상담자는 내담자에게 상담자를 선택할 기회를 주어야 한다. 대부분 내담자는 처음 상담을 시작한 상담자와 상담을 진행하게 되는 것이 통상적이다. 상담자는 초기상담을 하면서 내담자의 문제의 경중을 진단하여 상담자 선택에 도움을 주어야 한다. 상담실에 총 책임자 즉, 소장, 센터장, 수퍼바이저는 자신의 상담실에 있는 상담사들의 전문성에 대해서 안내하고 내담자에게 도움을 줄 수 있는 상담자를 선택할 수 있도록 안내하고 도움을 주어야 한다.

상담자는 상담구조화를 하는 과정에서 내담자의 상태를 진단해서 자신의 상담실에서 감당하기 어려운 내담자에 대해 그 사실을 내담자에게 알려야 한다. 뿐만 아니라 상담자는 내담자를 도울 수 있는 다른 상담실 또는 상담자에게 의뢰해야 한다. 다른 상담실로 의뢰할 때에 내담자와 충분히 상의하고 협의하여, 의뢰할 상담소와 상담자를 찾아보고 안내해야 한다.

다른 상담소(자)가 결정이 되면 내담자와 협의하여 그동안에 진행되었던 상담진행 자료에 대해서 제공할 수 있다. 이 부분은 내담자와 충분히 상의해야 한다. 상담자는 내담자의 상태와 상담사들의 전문성을 고려하여 윤리적으로 잘 판단해야 한다.

상담자는 자신의 상담실에서 감당할 수 없는 내담자에 대해서 상담료와 상담실습 때문에 그냥 상담을 진행하는 비윤리적인 행위를 해서는 안 된다. 단 그 분야의 전문적인 수퍼바이저에게 수퍼비전[21]을 받으면서 진행할 수는 있다. 이 역시 상담 윤리적 측면에서 내담자에게 충분히 설명하고 협의하에 진행해야 한다.

### 5) 유료상담과 무료상담 이해

상담비용은 원칙적으로 선금을 받는 것이 상담 효과

21) Supervision이란 상담에 대한 풍부한 전문성과 임상적 경험을 가지고 있는 Supervisor가 Supervisee에게 상담심리치료 기술을 증진시키기 위해서 실시하는 임상과정을 의미한다(M.C. Gilbert & K. Evans, 19).

성에 도움을 준다. 내담자가 상담료를 선금으로 내는 경우와 그렇지 않는 경우 내담자가 상담에 임하는 자세가 다르기 때문이다. 따라서 상담비용은 선불을 추천한다. 때로는 내담자가 부담이 안 된다면, 회기 전체의 상담비용을 일시불로 받는 것도 상담의 효과성을 높일 수 있다.

**내**담자가 상담료를 선불로 지급하고 상담을 진행하게 되면 내담자가 상담에 임하는 자세와 태도가 적극적이게 되면서 내담자 스스로가 상담을 하게 된다. 이것은 내담자에게 있어서 Self-counseling이 되는데 도움이 된다.

**공**공 상담소는 대부분은 무료상담을 진행하고 있다. 예를 들면 가정폭력관련상담소, 성폭력관련상담소, Wee Class, Wee Center, Wee School, One-Stop, 청소년 상담실, 한부모가족지원센터 등 국가로부터 허가를 받아 운영하는 공공기관이다. 상담비용의 유료와 무료에는 장단점이 있다. 무료상담은 내담자에게 경제적인 비용 부담은 없지만 유료상담에 비해 내담자가 스스로 노력하는 부분에 있어서 소극적인 자세가 될 수 있다는 측면에서 단점이 된다.

무료상담의 단점을 보완하는 방법은 상담시간을 지키는 것과 약속된 회기를 잘 이해할 수 있도록 하는 것이다. 즉, 내담자가 적극적인 자세로 상담에 임할 수 있도록 상담의 상담구조화를 잘해야 한다. 무료상담으로 진행되는 한부모가족상담은 시간과 장소, 그리고 회기에 대한 구조화를 통해서 내담자의 적극성을 이끌 때에 상담의 효과를 줄 수 있다.

### 6) 상담자의 역할과 책임

상담자는 내담자에게 자신의 전문성과 역할에 대해서 설명하고 안내할 의무가 있다. 상담자의 역할과 책임은 내담자에 대한 정확한 진단, 평가, 인도, 정서적 지지 등이다. 상담자는 내담자를 돕는데 객관적이어야 한다. 상담자의 감정이나 주관적인 생각보다 우선되어야 할 것은 객관적인 전문성을 토대로 한 접근이며 판단이다. 상담자는 전문적인 이론과 임상경험(수퍼비전) 등에 근거하여 내담자를 도와주어야 하는 책임이 있다. 상담자의 전문성이 내담자의 상담결과에 지대한 영향을 주는 만큼 상담자는 자신의 역할과 책임에 충실해야 한다.

### 7) 내담자의 역할과 책임

상담자는 상담이 진행되는 과정에서 내담자가 해야 할 역할과 책임에 대해서 인지시켜야만 한다. 상담과정에서 내담자가  자신의 역할에 대해서 얼마나 충실하게 임하느냐는 상담의 효과성에 지대한 영향을 주게 된다. 상담자는 상담진행 과정에서 내담자가 어떠한 태도로 임하느냐에 대해 충분히 설명하는 것 또한 상담자의 역할이다. 내담자의 역할과 책임은 상담자의 역할과 책임만큼 중요하다.

상담자는 내담자에게 상담이 진행되는 기간 동안에 상담소 안과 밖에서 적극적으로 협조할 수 있도록 주지시켜야 한다. 상담자는 내담자에게 바람직한 태도와 행동, 그리고 상담의 당사자로서 책임의식, 솔직한 자기표현을 할 수 있도록 도와주어야 한다.

내담자가 상담진행에 있어서 어려움이 있어도 상담을 계속 진행하는 것과 상담의 구조화한 것에 대한 약속 준수할 것을 순간순간 의식할 수 있어야 한다.

내담자는 상담자를 신뢰함으로써 상담자가 회기 가운데 제시하는 과제에 대해 충실해야 한다. 상담을 준비하는 내담자의 적극적인 자세와 역할은 상담의 효과성을 극대화할 수 있다.

### 8) 내담자의 권리와 비밀보장

상담자는 내담자의 상담자 선정 및 교체 요구의 권리를 존중해야 한다. 상담자는 상담진행에 대한 내담자의 질문과 협상의 권리를 존중해야 한다. 상담자는 내담자가 상담회기, 시간, 비용, 등에 관련된 권리를 행사할 수 있음을 존중해야 하는 가운데 상담의 구조화를 해야 한다. 상담자는 내담자의 상담내용에 대해비밀을 지켜야만 한다. 상담자의 비밀누설은 법적 처벌과 상담 윤리적 책임을 져야 한다.

### 10) 비밀보장과 일반복지

상담자는 내담자의 상담내용에 대한 비밀보장을 절대적으로 보장해야 한다. 내담자는 자신의 상담 전 과정에 대해 비밀을 보장받을 권리가 있다. 따라서 상담자는 내담자가 우려하는 다양한 노출과 자신의 비밀에 대한 두려움에 대해서 보장받을 수 있도록 조치하고 제한할 수 있어야 한다. 상담자는 내담자를 보호할 의무와 책임이 있기 때문이다.

그러나 상담자는 내담자와 내담자 주변사람들이 일반복지에 대해 위협을 받게 될 경우 비밀보장을 파괴할 수 있다. 예를 들면, 내담자가 자살을 시도할 것이라는 내용, 다른 사람을 해치겠다는 말과 의도에 대해서는 비밀보장을 파괴할 수 있다. 또한 미성년자 상담은 일반복지 차원에서 부모나 교사 알아야 할 부분도 있다. 내담자의 비밀보장 파괴는 내담자 스스로가 이야기 할 수 있도록 하는 것이 가장 이상적이다. 이와 같이 내담자의 비밀보장은 생명의 위협이나 타인을 해치는 부분의 내용에 대해서는 일반복지를 위해서 비밀보장을 파괴할 수 있다.

## 11) 상담의 목표

상담의 목표는 단기목표와 장기목표로 협의할 수 있다. 단기목표가 지금 당장 필요한 내담자의 요구라면, 장기목표는 내담자가 최종적으로 회복하고 성장해야 할 부분이다. 상담자는 상담의 목표에 대해서 내담자와 충분히 상의한 후 결정하고 합의해야 한다. 상담자는 내담자의 문제와 상황을 잘 고려하여 상담목표를 정하고 진행해야만 한다. 상담자는 내담자와 협의된 목표를 진행하되 상담을 진행하는 가운데 상담의 효과성을 위해 내담자와 협의하여 수정 · 보완할 수 있다.

## 12) 보조 상담자 참여 여부

상담자는 내담자를 돕기 위한 보조 상담자 참여 여부를 내담자와 충분히 논의할 수 있다. 상담자는 내담자의 문제 해결에 도움을 줄 수 있는 다른 전문가 또는 상담자가 함께 상담을 진행할 수 있을 설명하고 안내할 수 있다. 따라서 상담자는 내담자에게 도움이 되는 전문가 즉, 사회복지사, 정신과 의사, 놀이치료사, 미술치료사, 음악치료사, 임상심리사, 그리고 종교지도자 등 다양한 분야에 협력할 수 있는 전문 인력을 확보해야 한다.

### 13) 상담내용 녹취와 녹화

상담자는 필요하다면 상담내용을 녹취 및 녹화 할 수 있다. 그러나 반드시 내담자의 동의가 있어야 하며, 상담자는 내담자에게 가능한 서면으로 동의 받아야 한다. 상담자는 상담내용에 대한 녹취와 녹화의 목적을 내담자에게 말해주어야 하며, 그 목적이 끝나면 폐기해야 한다.

### 14) 상담종결

상담종결은 각 회기종결, 조기종결, 상담전체 종결로 구분된다. 각 회기종결은 그 회기에 대한 종결과 다음 회기를 위한 준비 종결로 설명된다. 조기종결은 상담구조화에서 정한 상담회기를 다 마치지 않고 미리 종결하는 것이다. 조기종결상담은 상담자의 전문성과 내담자의 회복 및 변화 수준의 정도를 고려할 수 있다. 즉, 상담회기가 남은 상태에서 내담자의 정서적 안정과 회복이 있을 경우에 내담자가 조기종결을 원할 때, 또는 상담자의 전문성을 근거로 내담자의 상태를 고려 해 볼 때에  조기종결을 해도 내담자에게 무해할 경우 조기종결 할 수 있다. 그러나 조기종결은 내담자의 입장을 충분히 고려하여 신중히 해야 한다.

상담전체 종결은 상담자와 내담자 사이에 정한 회기를 마친 경우이다. 정한 상담회기를 다 마쳤을 때에 내담자의 요구와 상담자의 전문성으로 협의하여 상담을 더 진행할 수 있다. 그러나 두 번 이상은 회기를 더 하지 않는 것이 좋다. 두 번에 회기를 진행했음에도 불구하고 상담의 효과가 없을 때에는 다른 상담자에게 의뢰하는 것에 대해서 신중하게 논의해야 한다. 이 부분은 수퍼바이저와 상의하여 결정하는 것이 좋다.

## 2. 사실파악 · 준비 기법

상담에 있어서 사실파악(fact)에 대한 준비는 내담자를 위한 최상의 서비스를 하기 위한 일차적 기법이다. 상담자는 내담자에 대한 정신적 · 정서적 사실파악이 중요하다. 내담자가 처해 있는 상황과 환경에 대해 사실을 파악해야 한다. 즉, 내담자가 지금 어떠한 상황인지에 대한 객관적인 사실파악이다.

사실파악 이후에 상담자는 내담자를 위해 상담준비를 해야 한다. 상담자는 내담자에 대한 객관적인 사실파악에 대해서 그의 따른 상담에 필요한 준비를 해야 한다. 준비는 문제에 대한 전문적 이론 준비, 상담사례, 그리고 상담자가 어떻게 라포형성 할 것인가? 처음 어떠한 말로 상담을 시작할 것인가? 에 대해서 준비해야 한다.

상담자가 내담자에 대한 정보수집에서 우울증이라는 사실을 파악했다면, 그의 따른 준비를 해야 한다. 상담자는 우울증 치료에 대한 기본정보, 원인과 증상, 그리고 검사지 등을 준비해야 한다.

**내**담자의 사실적 정보는 상담의 효과를 높이는데 도움이 된다. 따라서 상담자는 그의 따른 체계적인 준비를 해야 한다. 그러나 상담자는 상담 전 알게 된 사실에 대해 편견과 선입견을 주의해야 한다. 또한 상담자는 내담자의 사실이 왜곡된 것인지, 방어기제를 사용한 것인지, 또는 정신병리적인 것인지 등을 잘 고려해서 상담을 진행해야 한다.

## 3. 관찰 · 준비 기법

**관**찰은 내담자의 목소리 톤, 속도, 음성 떨림, 표정, 발걸음, 손 움직임, 의상, 그리고 코디 등이 얼마나 사실파악과 관련이 있느냐에 대한 것이다.

**상**담자는 객관적인 사실파악을 근거로 내담자를 순간순간 관찰하고 분석해야 한다. 즉, 우울증으로 사실파악이 된 내담자에 대해서 우울증적 언행을 얼마나 나타내고 있는지 관찰해야 한다. 내담자의 우울증 사실파악에 대해 상담자의 관찰과 일치한다면, 상담자는 우울증에 대한 상담준비를 해야 한다. 이렇게 될 때에 상담자는 내담자에게 체계적인 상담서비스를 제공할 수 있게 된다. 그러나 일차적 사실파악과 준비와는 다르게 상담자의 관찰결과 차이가 있다면, 상담자는 순간 일차적으로 준비한 상담진행에 대해 수정하고 보완함으로 상담준비를 다시 해야 한다.

**상**담에 있어서 관찰기법은 짧은 시간에 내담자가 눈치 채지 못하게 내담자의 정서적 상황을 파악하는 것이다. 상담자는 매순간 내담자의 음성, 말투, 억양, 자주 쓰는 단어, 얼굴표정, 의상, 헤어스타일, 장신구(accessory) 등을 관찰해야 한다. 이러한 외형적인 관찰로 내담자의 정서와 감정 진단에 도움을 얻을 수 있다.

**상**담자는 내담자의 말과 표정이 일치하는지, 감정표현이 말의 억양과 속도와 일치하는지, 내담자의 현 상황과 의상이 일치하는지, 내담자의 감정과 코디가 어느 정도 매치가 되는지, 이 모든 것이 불일치한다면, 그 심리는 무엇인지를 관찰해야 한다.

**일**상적으로 내담자가 호소하고 있는 감정과 표현, 언어의 억양, 속도 등이 일치하는 것이 상식이다. 그렇지 않다면, 내담자는 다양한 방어기제를 사용하고 있는 것인가? 아니면, 자신의 감정을 적절히 표현하는 능력이 부족인가?, 또는 외향적 내향적 성격 때문인가? 등을 관찰해야 한다. 이러한 세심한 관찰은 내담자의 문제를 진단하고 접근하는데 도움이 된다.

**관**찰기법은 내담자의 언어, 의상, 장신구, 자신의 문제에 대해 표현하는 자세와 태도를 분석하는 것이다. 내담자가 호소하는 정서적 고통, 우울한 상황에 대비되는 감정의 깊이와 넓이를 관찰할 때 내담자의 상태를 진단할 수 있다.

**상**담자의 관찰은 직관적으로 이루어지기 때문에 주관적인 가치관, 선입견 등을 배제하는 임상적 관찰훈련이 필요하다. 그렇지 않으면 내담자의 감정과 정서에 대해 왜곡하여 이해할 수 있다. 따라서 상담자는 관찰기법에 대한 수퍼비전을 철저히 받아야 한다.

**상**담자는 상담 진행과정에서 내담자의 침묵과 멈춤을 잘 관찰해야 한다. 침묵은 상담내용을 말하다가 숙연한 분위기로 약 10-15초 이상 말을 하지 못하고 있을 때이다. 따라서 침묵은 잠시 휴식이나 차를 권하면서 자연스럽게 침묵을 깨드릴 필요가 있다. 멈춤은 자연스럽게 말을 이어 가도록 기다려 주어야 한다. 상담자는 내담자의 침묵과 멈춤을 잘 판단하고 관찰해야 한다. 그러나 감정이 격한 상태에서의 침묵은 더 기다려 주어야 하며, 화제유도를 통해서 상담환기를 시킬 필요가 있다.

**사실파악 ▶ 관찰 ▶ 준비**

## 4. 화제유도 기법

상담에 있어서 화제유도는 본 상담을 하기 전에 상담자가 내담자에게 일상적인 가벼운 안부 및 질문을 통해 대화하는 것이다. 화제유도는 단순하게 내담자의 긴장을 풀기, 워밍업으로 이해할 수 있다. 때로는 화제유도가 내담자의 상황을 탐색하기 위한 것으로 상담자는 질문을 잘 준비해야 한다. 상담자는 화제유도를 위한 다양한 질문으로 대화를 이끌어야 한다.

일반적으로 화제유도는 일상적인 삶의 날씨와 일주일 동안 주로 느꼈던 감정과 정서에 대해서 질문하게 된다. 또한 상담소에 오기 전에 시야에 들어온 도시 풍경 내지는 계절 감각 등을 질문할 수 있다. 그런가 하면 화제유도는 상담진행 과정에서도 사용할 수도 있다. 내담자가 상담을 받는 동안 급격한 감정 표현의 변화로 더 이상 상담을 진행하기 어려울 때에 분위기 환기차원에서 화제유도를 사용할 수 있다. 이때에 화제유도는 차나 음료수를 권하고 마시면서 상담내용이 아닌 다른 주제로 가벼운 대화를 유도하는 것이다.

**화**제유도는 사전에 준비된 음악을 들으면서 3분에서 5분 정도 감정을 환기시키는데 사용하는 기법이다. 상담자는 내담자와 가벼운 화제유도 대화를 통해서 정서 탐색을 할 수도 있다.

## 5. 라포(Rapport)형성 기법

라포(rapport)는 상담자와 내담자 사이에 친밀관계를 의미한다. 상담자와 내담자의 친밀관계는 상담을 원활하게 진행하는 촉진제가 된다. 상담자와 내담자 사이의 따뜻하고 가까운 신뢰관계가 필요하다. 이러한 신뢰관계는 상담의 긍정적인 결과를 가져오게 한다.

상담에 있어서 상담자와 내담자 사이에 라포형성이 되지 않으면 상담의 효과가 떨어지게 된다. 따라서 효과적인 상담을 위한 라포형성 기법은 상담자의 기본 상담기법이자 고도의 상담기법이다.

라포형성은 내담자가 기록한 상담신청서, 전화 통화로 상담요청을 했을 때에 기억되는 것, 또는 특이한 사항 등을 통해서 형성을 할 수 있다. 상담자는 내담자를 초기상담하면서 알게 된 외모, 나이, 고향, 연령때, 기타 등을 통해서 라포형성을 할 수 있다. 상담자는 내담자를 잘 관찰하는 가운데 의미를 부여하면서 라포형성을 해야 한다.

## 6. 경청(Listening) 기법

경청 기법은 라포(rapport)형성과 더불어 상담 결과에 밀접하게 관련되어 있다. 경청은 내담자를 정중하게 똑바로 마주 대하는 것, 열려진 자세를 취하는 것, 내담자를 향해 몸을 기울이는 것, 적절하게 눈의 접촉을 유지하는 것, 상담자 자신의 긴장을 완화시키는 것 등의 의미가 있다. 상담자는 내담자의 언어와 비언어적 표현에 대해서도 경청해야 한다.

### 1) 집중적(concentration) 경청

집중적 경청은 상담자가 내담자를 집중적으로 배려하고 몸을 내담자 쪽으로 기울이는 경청이다. 이 경청은 몸의 자세와 얼굴표정으로 관심을 가지고 눈의 접촉을 유지해야 한다.

### 2) 용납적(Acceptance) 경청

**용**납적 경청은 상담자가 내담자의 어떤 말이든지 일단 수용하고 용납하는 경청을 의미한다. 용납적 경청은 초기상담에서 내담자의 말을 가로막거나 바꾸지 않고 용납하고 수용하는 것이다. 이때에 내담자의 마음은 카타르시스(catharsis)를 경험하게 되고 상담자와 신뢰관계를 형성하게 된다.

### 3) 반영적(reflective) 경청

**반**영적 경청은 내담자가 표현하는 이야기의 요점에 대해서 거울로 자신을 비추어 주듯이 반영하는 기법이다. 상담자의 반영적 경청은 내담자로 하여금 상담자로부터 깊은 이해와 관심을 받고 있다는 생각으로 위로를 받게 한다.

### 4) 공감적(empathic) 경청

공감적 경청은 상담자가 내담자의 말을 들을 때 내담자의 생각과 감정, 그리고 경험의 세계에 몰입하는 것이다. 상담자가 내담자의 입장에 서서 역지사지(易地思之)의 마음으로 깊은 공감을 하고 그것을 내담자에게 다시 전달해 주는 경청기법이다. 공감적인 경청은 상담자가 자신의 정체성을 일시적으로 잃을 정도로 내담자에게 몰입하는 인격의 깊은 동일화 상태이다. 공감적 경청은 내담자의 이야기 이면에 있는 마음도 공감하는 것이다.

### 5) 지지적(supportive) 경청

지지적 경청은 상담자가 내담자의 말을 들을 때 위기상황으로 인하여 내담자가 희망과 용기, 그리고 삶의 의욕을 상실하지 않도록 붙들어주고 위로하며 지원해 주는 경청이다. 이 경청은 상담자가 내담자의 편에 서서 지원하고 있다는 사실을 언어나 비언어로 표시하는 경청이다.

### 6) 방향적(directive) 경청

방향적 경청은 상담자가 내담자로 하여금 어떤 주제에 대하여 좀 더 분명하게 생각하고 표현할 수 있도록 이끌어 주고 자극을 주는 창조적인 기법이다. 이 경청은 내담자가 이끌어 가는 대로 막연히 따라가는 피동적인 경청(passive listening)이 아니라 내담자가 상담목표를 향해서 함께 생각하고 말하며 실천할 수 있도록 자극하고 이끌어가는 능동적인 경청이다.

### 7) 직면적(confrontation) 경청

직면적 경청은 도전적(challenge) 경청이라고도 하는 것으로 상담자가 내담자의 말을 들을 때에 왜곡된 사고, 비합리적 생각들, 그리고 자기 패배적인 사고들을 직면시키기 위한 경청이다. 이 경청은 내담자가 직면하게 될 때 위험성이 있을 수 있는 경청이며 상담자에게는 용기가 필요하다.

**효**과적인 직면의 경청을 위한 상담자의 주의사항

**억**압과 권위도전을 피할 것
내담자의 한계 안에서 도전할 것
점진적으로 도전할 것
구체적으로 도전할 것
약점보다 장점에 도전 할 것
**내**담자의 가치관에 맞게 도전할 것
긍정적으로 도전할 것
내담자의 불일치에 도전할 것
내담자의 왜곡에 도전할 것
**내**담자의 자기 패배적인 신념과 태도에 도전할 것

**경**청은 내담자의 언어적 표현(verbal expressions)과 비언어적 표현(nonverbal expressions)을 지혜롭게 듣고 파악하는 기술이다. 상담과정에서 내담자의 비언어적 메시지는 언어적 메시지보다 더 정확하게, 빠르게, 그리고 강하게 전달된다. 즉, 내담자의 얼굴표정, 몸의 동작과 자세, 목소리의 고저, 침묵, 몸의 단장(옷차림, 얼굴화

장) 등을 통한 메시지는 언어적 표현보다 더 의미 있는 표현일 때가 있다. 따라서 상담자는 비언어적 메시지를 경청해야 한다.

Kemp는 내담자의 비언어적 표현을 이해하는 진단 기준에 대해 언급하였다.

내담자의 촉촉한 손과 마른 입술은 불안한 심정을
말해준다. 빈번한 몸 움직임과 서성거림은 초조와 안정감
결핍이다.
느린 말과 동작은 우울증이다.
화려한 옷차림과 짙은 화장은 낮은
자아상(self-image)이다.
매혹적인 옷차림과 표정, 행동은 불안정과 성적 부적응이다.
어색한 웃음은 긴장과 부적응이다.
불편하게 앉아있는 모습은 불안과 초조, 갈등이다.
늦거나 결석하는 것은 저항과 무성의이다.
음성의 변화와 빨라짐은 감정악화이다.
침묵은 저항과 의미심장한 표현이다.
무표정과 굳은 표정은 지루함과 저항이다.

**상**담도중에 내담자의 양쪽 손이 의자 손잡이에 와있고, 상반신이 약간 앞으로 기울어져 있을 때는 어서 끝나기를 바라는 신호이다.

**경**청은 적당한 심리적 거리가 필요하다. 심리적 거리는 약 120㎝-150㎝이다. 따라서 상담에 있어서 상담자와 내담자 간의 이 거리를 유지하는 것이 효과적이다. 이 거리는 보통 원탁자를 두고 마주 앉으면 자연스럽게 거리가 유지된다. 심리적 경청의 거리는 내담자가 눈치채지 않도록 상담자가 조정하고 유지해야 한다.

## 7. 공감 기법

공감은 감정이입(感情移入)이라고도 명명하는 상담기법이다. 공감은 경청과 밀접하게 관련하여 활용해야 한다. 공감과 경청은 내담자의 감정과 정서문제를 진단하는데 중요하다. 공감은 상대방의 경험, 감정, 사고, 신념을 상대의 입장에서 자신이 상대인 것처럼 듣고 이해하는 능력이다.

상담자의 공감능력은 내담자가 자유롭게 자신을 드러내고 싶은 감정을 유발시키는 기법이다. 상담자는 기본적으로 공감을 통해서 내담자를 치유하기 시작한다. 공감은 상담자와 내담자 간에 정신적 · 신체적 융합이다. 상담자의 공감 기술은 내담자의 감정에 심리적 안정과 인격에 도움을 준다.

공감은 내담자의 마음의 소리를 받아들이고(accepting), 확인하고(confirming) 이해하는(understanding) 것이다. 공감은 내담자의 눈으로 세상을 보고, 내담자의 가슴으로 느끼며, 내담자의 머리로 생각하려는 노력이다. 그러면서도 공감은 상담자 자신의 감정에 있어서 객관성을 잃지 않는 것이다. 공감은 기초 공감과 발전 공감으로 나눌 수 있다.

**기**초 공감(primary-level accurate empathy)

기초 공감은 내담자가 현재 느끼고 생각하는 것을 내담자가 느끼고 생각하는 대로 이해하면서 내담자에게 전달하는 것이다.

**발**전 공감(Advanced accurate empathy)

발전 공감은 내담자가 지금 어떤 예감이나 느낌이나 생각은 가지고 있으나 분명하게 보지 못하고 희미하게 느끼고 생각하는 것에 대해 내담자가 분명히 볼 수 있게 도와주는 기술이다.

**공**감은 내담자의 실제적인 감정을 이해하는 것으로 내담자의 입장이 되어서 그가 느끼고 생각하는 것을 있는 그대로 인식할 수 있는 능력을 말한다.

**공**감은 동정(sympathy)과는 구분되는 정서적 경험이다. 공감과 동정은 다른 사람의 인격을 돌본다는 것은 같다. 그러나 감정의 깊이에서 구분된다.

**공**감과 동정은 내담자의 정서와 감정적 반응을 포함한다는 점에서는 동일하다. 그러나 기본적인 입장은 다르다. 공감은 다른 사람과 함께 느끼는 것(feeling with another)이고 동정은 다른 사람을 향해 느끼는 것(feeling for another)이다.

**공**감은 내담자가 느끼는 것을 느끼는 것이라면 동정은 상담자가 느끼는 것을 의미한다. 공감은 내담자의 감정에 집중하는 것이라면 동정은 내담자의 감정을 경청하는 상담자의 감정에 집중하는 것이라 할 수 있다.

**투**사(projection)는 내담자에 대한 상담자의 주관적인 감정으로 자기중심적(ego-centric)이다. 투사는 내담자의 감정을 상담자의 자아개념(self-concept)과 경험에서 경청하고 느끼는 것이다. 투사는 내담자의 감정을 느끼면서 자신의 감정으로 되돌아오는 감정이다.

동정과 투사는 내담자의 감정을 읽으면서 나의 감정에 초점을 두는 것이라면 공감은 내담자의 감정을 읽고 내담자의 감정과 함께 하는 것이다.

동일시(identification)는 공감과 구분된다. 상담자는 공감을 통해서 자신 안에 사랑의 갈망이 있음을 깨닫게 되고 동시에 공감을 통해서 잔인성을 볼 수도 있다.

동일시는 내담자가 상담자와 하나 되는 느낌을 갖게 되면서 상담자의 감정에 매료되는 것이다. 그러나 공감은 상담자가 내담자의 감정을 충분하게 읽은 후에 그 감정을 함께 느끼고 나누는 것이다.

공감은 인지적 요소, 정서적 요소, 그리고 의사소통의 요소를 가지고 있다. 인지적 요소는 내담자의 감정과 사고 개념도 공감하는 것이다. 정서적 요소는 상담자와 내담자가 나누어 갖는 감정(shared feeling)으로 공통된 감정을 말한다. 의사소통의 요소는 공감의 행위로서 상담자가 내담자의 감정에 공감하고 있다는 것을 언어로 표현하는 것이다.

## 8. 질문기법

질문은 내담자의 속마음을 드러내게 하고 분석하는데 중요한 기법이다. 질문은 개방적 질문, 폐쇄적 질문, 선택적 질문, 반사적 질문 등이 있다.

### 1) 개방적(open) 질문

내담자로 하여금 자기표현을 잘할 수 있도록 도와주는 질문이다. 예를 들면, 어떻게, 왜, 무엇 때문에, 어디서 등으로 질문하는 것이다.

### 2) 폐쇄적(close) 질문

내담자의 상황을 단순히 확인하는 차원에서 질문하는 것으로 예, 아니오 의 답을 얻기 위한 질문이다. 이러한 질문은 상담과정에서 가급적 피하는 것이 좋다.

### 3) 선택적 질문

내담자가 어떠한 결정을 내릴 수 있도록 하는 질문 혹은 내담자 자신이 상황 파악이 안 되어서 말하기가 어려울 때에 던지는 질문이다. 이때에 상담자는 3가지 정도의 정보를 주고 선택할 것을 질문해야 한다.

### 4) 반어적(restatement) 질문

내담자가 이야기한 사실에 대해서 상담자 자신이 잘 이해하고 있는가를 확인하는 것으로 내담자 말의 내용을 요약하여 "제가 이해하고 있는 것이 맞나요?" 하는 식의 질문을 의미한다. 이 반어적 질문을 통해서 상담자 자신이 내담자의 말을 잘 경청했는가와 경청을 잘했다는 사실을 내담자에게 전달하는 효과가 있다. 이 효과는 상담자와 내담자 간의 공감대를 형성하는데 도움을 줄 뿐만 아니라 회복의 효과에도 영향을 준다.

## 9. 정보제공 기법

상담자는 상담과정에서 내담자에게 적절한 정보제공을 해 줌으로써 도와주어야 한다. 내담자는 상담자가 제공한 정보를 통해서 자신의 삶으로 선택해 나아가는데 도움을 받게 된다. 상담자의 정보제공은 내담자의 상황과 의지, 그리고 내담자가 가지고 있는 자원 등을 고려하여 정보제공을 해야 한다. 상담자가 제공하는 전문적이고 정확한 정보제공에 따라서 내담자가 실천할 확률이 높아질 수 있고 그렇지 않을 수 있다. 따라서 상담자가 제공한 정보가 너무 감당하기가 어렵거나 접근하기 힘든 것이 되어서는 안 된다. 내담자가 노력하면 충분하게 실천할 수 있는 맞춤형의 정보제공과 실현 가능한 정보제공이 중요하다. 그러므로 상담자는 이 정보제공을 위해서 연구하고 자료를 준비해야 한다.

## 10. 조언 · 지시 기법

조언 기법은 내담자의 말을 경청하는 가운데 내담자에게 필요한 적절한 조언을 주는 것이다. 조언은 타이밍이 중요하고 당위성이 분명해야 한다. 따라서 상담자는 전문성을 근거로 해서 내담자가 조언에 대해서 순응하고 실천할 수 있도록 도와주어야 한다. 상담자가 조언을 한다는 것은 내담자의 회복을 돕는 것을 고려해야 한다는 것이다. 조언은 단순하게 "이렇게 해보면 어떨까요?" 하는 식이 아니라 이론적인 근거와 임상적인 경험(사례/판례)을 토대로 해야 한다. 그렇지 않으면 상담자의 생각과 감정 또는 그 상황을 모면하기 위한 것이 될 수 있다. 내담자 입장에서 상담자의 조언은 마치 의사가 환자에게 주는 처방약이나 주사와 같은 것이다. 따라서 조언은 내담자와의 충분한 공감과 분석을 기초로 하는 것이 효과적이다.

지시는 조언보다는 조금 더 신중해야 한다. 조언은 간접적인 반면에 지시는 직접적인 것이기 때문이다. 지시는 상담자와 내담자 사이가 좋은 라포형성과 공감대가 형성될 때에 이루어져야 한다. 그렇지 않으면 내담자가 저항할 수 있기 때문이다.

조언과 지시는 어느 정도 상담회기가 지난 후 내담자의 문제와 상황을 비교적 정확하게 분석한 경우에 가능한 기법이다. 만약 내담자가 상담자의 조언과 지시에 대해서 거부하게 되면 어색한 상황이 벌이지기 된다. 따라서 상담자는 정확하고 분명한 정보제공을 통해서 내담자의 언행에 대한 수정과 보완을 조언하고 지시해야 한다. 그러므로 상담자는 내담자의 라포형성과 공감대의 정도를 파악하면서 조언과 지시를 해야 한다. 또한 상담자의 조언과 지시를 내담자가 얼마나 수용하고 이해할 것인가를 가늠하는 가운데 조심스럽게 진심으로 해야 한다.

내담자 입장에서 전문성을 근거로 한 상담자의 조언과 지시는 중요한 부분이다. 조언과 지시는 내담자의 문제해결을 위한 실마리 또는 키워드를 잡는 것과 같은 것이다. 내담자는 상담자의 조언과 지시대로 하게 되면, 자신의 문제가 회복되고 해결하는데 도움이 될 것이라는 신뢰감을 가지고 있다. 이러한 측면에서 조언과 지시는 상담자에게 부담스러운 기법이다. 그러므로 상담자의 전문적인 이론과 임상경험이 중요하다.

## 11. 지지 · 수용 기법

지지 기법은 내담자의 다양한 상황과 심리적 어려움에 대해 지지하는 것이다. 이 지지 상담기법은 상담의 진행을 도우며, 상담자와 내담자 사이의 라포가 형성되는데 중요하게 작용한다. 일차적으로 상담자는 내담자가 이야기하고 표현하는 것에 대해 지지하고 수용하는 태도가 중요하다. 그렇다고 해서 내담자에 대한 상담자의 지지가 지나치게 감정적인 것이 되어서는 안 된다. 상담자의 지지는 무조건이면서도 객관성 있고 진솔해야 한다. 상담자는 상담 과정 속에서 내담자의 장점을 발견하여 지지하고 용기를 줌으로써 치료 효과를 높일 수 있다.

내담자의 부정적인 감정표현이나 자신의 처지를 다른 사람과 비교하면서 우울해 할 때에 역지사지를 이해하고 느낄 수 있는 예를 들어서 지지할 수 있다. 예를 들면, "지금 현 상황을 유지하고 있는 자체에 대해서 같은 시대를 살아가는 한 사람으로서 고맙게 생각합니다. 자기만 생각하지 않고 아이도 생각하여 살아보려는 노력이 좋아 보입니다. 그래서 용기를 내어 상담도 받으신다고 생각합니다."

상담자는 내담자의 말과 이야기를 경청하고 공감하면서 속마음을 읽어주어야 한다. 내담자의 표현이 부정적이면 대부분은 긍정적인 정서와 마음은 긍정을 소망하기 때문이다.

수용 기법은 내담자의 이야기에 주의를 집중하며, 경청하고 수용하고 있다는 것을 느끼게 해 주는 기법이다. 따라서 상담자는 내담자가 자신의 문제를 이야기할 때 "음, 네, 그렇군요. 그럴 수 있죠, 그렇겠네요." 등의 긍정적 언어표현과 함께 표정, 몸짓 등의 비언어적 표현을 하면서 수용하는 태도가 있어야 한다. 지지와 수용 기법은 상담자가 판단하는 것이 아니라 내담자 스스로가 상담자가 자신의 말과 상황에 대해서 충분하게 수용하여 지지하고 있다는 것을 느껴야 하는 것이다.

## 12. 탐색 · 통찰 기법

**탐**색 기법은 내담자에게 필요한 정보를 얻거나 내담자의 사고를 미리 지시하거나 내담자가 선택한 주제를 정교화하는 의미를 갖는다. 따라서 탐색 기법은 상담자의 전문성과 경험이 풍부할수록 유리하게 된다. 탐색 기법은 상담자의 통찰과 상관성이 있다. 상담자의 내담자의 상황과 문제에 대한 통찰은 탐색을 하는데 도움을 주게 된다.

**통**찰 기법은 상담자의 명확한 분석 및 진단과 관련성이 있다. 통찰에서 오류가 나면 분석이 안 되고, 분석이 잘못되면 진단이 왜곡되게 된다. 따라서 상담자는 통찰에 관련하여 사례관리 및 수퍼비전과 임상훈련에 충실해야 한다.

**상**담자의 통찰은 개인적으로 타고난 부분이 있다고 본다. 그리고 많은 임상경험과 사례들에 대한 수퍼비전으로 습득하게 되는 기법이다. 그러므로 상담자에게는 내담자의 통찰을 위해서 전문적인 이론적 접근과 임상사례 분석 및 수퍼비전이 요구된다.

## 13. 안심화 · 명료화 기법

**안**심화 기법은 넓은 의미에서 지지를 보장해 주는 것이다. 내담자의 현재 신념체계에 상담을 맞추어 주고, 내담자의 의견에 동조해줌으로써 불안을 감소시키고 스트레스를 감소시키는 기법이다. 상담자의 언어와 배려, 경청과 공감, 지지와 수용을 통해서 내담자의 정신과 정서가 안정을 찾게 되는 기법이다.

**명**료화 기법은 내담자가 진술한 내용을 반영해 주는 특별한 방법으로 내담자의 이야기에 대한 실체를 요약해 주는 것이다. 이 기법은 내담자의 감정을 밀어 부치지 않고 그 방향이나 흩어진 반응 등을 단순화 해줌으로써 통찰의 발달을 촉진시켜 준다.

**명**료화는 내담자가 자신의 문제를 거울에 비춰보듯이 분명하게 하는데 도움을 주는 작업이다. 명료화는 상담자가 내담자의 입장에 서서 문제를 경청하면서도 객관적인 입장을 유지해야 한다. 명료화는 상담자의 전문성으로 내담자의 문제 갈등을 분명하게 하는 것뿐만 아니라 문제 갈등에 연관된 내부적 진실을 분명히 알 수 있도록 돕는 기술이다.

## 14. 설명 · 해석 기법

**상**담자는 내담자의 정신적, 심리적 상황에 대해서 설명하고 해석해 주어야 한다. 상담자는 내담자와 관련된 부분을 설명할 수 있는 전문적인 연구와 준비가 필요하다. 내담자가 겉으로 나타내는 문제가 내부적 정신작용에 관련되어 있는데도 이를 의식하지 못하거나 깨닫지 못할 때 그 관련성을 설명해서 이해시켜야 한다.

**해**석 기법은 내담자에게 설명된 부분들에 대해 전문성과 객관성을 기초로 해석하는 것이다. 해석은 내담자가 자신의 문제와  갈등의 근원에 대해 부분적으로 이해하고 있는 문제에 대해 재명명, 재구성하는데 필요한 기법이다. 또한 해석 기법은 자신의 참모습을 직면하며 통찰하고 이해를 증진시키게 하는 기법이다.

**상**담자는 내담자의 현 상태를 분석하고 설명하며 해석해야 한다. 예를 들면, 내담자의 우울증, 정신분열증, 조울증, 인격장애 등의 표현과 증세에 대해 설명하고 해석하는 것이다. 따라서 상담자는 인간이해를 위한 다양한 전문적인 지식을 공부해야 한다.

**해**석 기법은 언어적, 문화적, 역사적, 비유적, 상황적, 환경적 해석이 있다. 언어적 해석은 표현되는 언어에 대해서 감정과 정서의 깊이를 해석하는 것이다. 문화적 해석은 내담자가 가지고 있는 문화적 풍토와 일반적인 사람들이 가지고 있는 것에 대한 비교 해석이다.

**역**사적 해석은 자신이 어린 시절부터 살아온 상황과 시대상, 자란 환경 등을 고려한 해석이다. 비유적 해석은 다른 사례와 경험들을 근거로 하여 비유적으로 해석한다. 상황적 · 환경적 해석은 문제 상황이 어느 환경에서 발생했느냐를 근거로 해석하는 것이다. 예를 들면, 부부 싸움을 거실에서 했느냐? 주차장에서 했느냐? 가 각각 다르게 해석되어야 한다.

**설**명 기법이 사실과 증상에 대해 모르고 있는 부분을 알려주는 것이라면, 해석은 왜곡된 부분과 부정적으로 인식하고 있는 부분에 대해 긍정적으로 의식하고 바라볼 수 있도록 재명명, 재구성해 주는 기법이다.

**상**담자의 설명과 해석 기법은 내담자의 갈등과 고통상황에 대해 의미와 전화위복의 기회로 인식하고 노력하게 하는 결정적인 기법이 될 수 있다. 따라서 상담자는 다양한 직간접적인 이론적 연구와 사례 중심의 임상경험, 그리고 수퍼비전에 충실해야 한다.

## 15. 심리검사 및 평가

상담자는 내담자의 정신 및 정서, 신체적인 현상들을 진단하기 위해서 공인되고 표준화된 검사지를 가지고 내담자와 합의 하에 심리검사를 실시할 수 있다. 심리검사는 상담자 자신이 임상적 훈련과 자격증이 없는 경우 심리전문기관이나 임상전문가에게 의뢰해야 한다.

심리검사는 상담사 자격을 갖추었다는 사실과 단순한 심리검사 지식을 갖추고 실시하거나 해석하는 것은 비윤리적행동이다. 공인된 훈련과 자격을 갖추지 못한 경우 심리검사를 실시하거나 그 결과를 해석해서는 안 된다. 또한 유관검사라고 할지라도 본인이 수련을 받지 않은 내용이라면 그 결과를 해석하는 것은 안 된다.

검사 결과는 내담자에게 결과의 수치만을 알리거나 제3자에게는 알리지 않는다. 또한 내담자의 정신과 정서적 반응을 고려하여 적절한 수준에서 결과를 알려 주어야 한다. 특별히, 상담자는 내담자에게 검사의 결과가 반드시 절대적인 것이 아님과 통계적인 산출 결과임을 잘 이해시켜야 한다.

심리검사는 검사하기 전에 내담자에게 충분한 설명을 해야 한다. 이 검사는 왜 하는 것인지, 검사를 통해서 어떠한 도움을 받을 수 있는지, 무엇을 알아보기 위해서 하는 것인지, 금액은 얼마인지, 등을 설명하고 동의 후 실시해야 한다. 그리고 심리검사의 결과는 혹시 수사기관이나 관련자가 요구할 때에 제공할 수 있다. 그러한 상황이 될 때에 다시 동의를 얻을 것이라는 것에 대해서도 동의를 얻어야 한다. 그리고 결과는 절대적이 아니고 많은 검사 중에 하나라는 사실과 신뢰도까지도 설명해야 한다. 그리고 상담자는 이 모든 상황에 대해서 서명으로 동의를 얻는 것을 원칙으로 한다.

### 1) 심리검사실

내담자에게 심리검사를 실시하는 공간으로 편안한 분위기에서 심리검사에 집중할 수 있도록 안정된 환경을 조성한다. 심리검사실 관리자를 따로 두어 관리하게 하고,

각종 심리검사 도구와 온라인 검사를 대비한 PC 등을 비치한다. 또한 심리검사 결과를 보관할 수 있는 잠금장치가 있는 별도의 보관함을 둔다. 심리검사실이나 상담실의 경우 검사나 상담이 진행되지 않으면 빈 공간으로 간주하여 사적으로 활용하는 경우가 왕왕 있으나 이는 견지하여야 할 행동이다.

## 16. 가계도

가계도(kinship system)는 한 가족이 삼세대에 걸쳐 부모가 자녀에게 물려주는 유전적인 정서와 무의식, 의식적으로 영향력을 행사하는 것 등의 관계체계를 구조적으로 도형화한 것이다. 가계도는 1970년 미국의 머레이 보웬(Murray Bowen)이 국립정신보건(National Institute of Mental Health)에서 일하면서 만든 가족도표(family diagram)가 그 근원이다. 그 후 맥골드릭(M. McGoldrick)과 거슨(R. Gerson)이 1985년에 출판한 책 『가계도 평가와 조정』을 통해 정립되어 널리 알려져 유전학, 의학, 심리학, 교육학 등에서 다양하게 사용되고 있다.

가계도는 내담자를 포함하여 3대에 걸쳐서 분석하고 진단하는 것이 이상적이다. 그러나 필요하다면 4대까지도 분석할 수도 있다. 가계도는 그 도표 자체에 의미가 있는 것이 아니라 가계도를 분석하면서 정서와 감정 및 인식의 흐름과 고착 정도를 분석하는 것이 중요하다. 예를 들면, 부모세대 한 분이 우울증상이 있었다면 내담자에 미치고 있는 정도와 자녀에까지 전달되고 있느냐에 대한 진단을 해야 한다.

상담자는 내담자에게 가계도를 그리는 방법을 간략하게 알려주고 그 자리에서 그리게 함으로써 관찰하고 진단할 수 있어야 한다. 내담자가 가계도를 그리는 가운데 어느 부분에 멈추고 생각을 많이 하는지, 머뭇거리면서 회피하는지 등을 관찰할 수 있다. 또는 다음 회기에 집에서 그려오라고 과제로 줄 수도 있다. 이때에도 가계도를 어떻게 성실하게 꼼꼼하게 그려 오느냐와 대충 그려 오느냐에 대한 성격진단과 정서의 깊이를 알 수 있다. 또한 가계도를 놓고 설명할 때에 표현과 감정에 대해서도 관찰하고 분석하는 것이 필요하다.

## 17. 가족구도 · 가정배경

가족구도(family composition)는 가족의 수, 출생순서, 특성 등 한 개인의 생활양식과 성격형성에 결정적인 역할을 한다. 가족은 개인의 유전(heredity)과 환경을 조성한다. 한 개인의 가정 배경(family background)은 개인의 성격형성에 지대한 영향을 주는 환경이 된다. 가정적인 배경을 앎으로써 이 사람이 왜 이렇게 되어 있는가? 하는 문제에 대해서 정확한 이해가 가능해 진다. 특별히 정신치료자들은 가정의 배경과 역사를 철저히 파악하고 난 후에 처방을 내린다.

내담자의 가정배경은 그 사람을 상담하는데 매우 중요한 자원이 된다. 상담자는 내담자의 가정배경에 대해 질문하고 대화할 때에 조심스럽게 접근해야 한다. 가정배경에 대해서 너무 깊이 오픈하게 되면 수치감정을 가질 수 있기 때문이다. 따라서 상담자는 내담자가 자신의 성장에 대한 가정배경을 이야기할 때에 자율성을 주어야 하며 편안한 상황에서 말할 수 있도록 배려해야 한다.

내담자의 가족구도와 배경은 상담의 기본적 자원이자 핵심정보가 된다. 따라서 상담자는 이에 대한 가계도 분석과 스토리에 대해서 경청과 공감 기법을 잘 활용해야 한다.

## 18. 상담평가

상담평가는 상담의 모든 과정을 진실하게 평가하는 것이다. 특별히 상담자가 상담과정에서 실수하고, 부족했던 부분, 다음 상담에 준비할 것, 전이와 역전이가 일어난 경우 등을 정확하게 평가해야 한다. 이 평가는 다음 상담과정에서 중요한 자료가 되기 때문이다.

상담평가는 상담자 자신의 부족한 전문성에서부터 감정조절, 경청과 공감 능력 등에 평가를 객관적으로 해야 한다.

상담평가는 상담에 방해 요소가 되는 상담실의 환경과 주변 환경에 대한 부분도 기록해야 한다.

상담평가는 내담자에 대한 적절한 서비스 부족, 실수, 갈등 등을 평가한다.

상담평가는 반드시 기록으로 남기고 그의 따른 수퍼비전을 받아야 한다.

상담평가는 회기별로 간략하게 이루어지고 전체회기를 평가하는 것이 이상적이다.

# Ⅶ. 상담원리

Coaching
Counseling

# Ⅶ. 상담원리

상담의 원리는 개별화, 학습과정, 자유 신장, 조력활동, 영향 미치기, 자기이해, 환경이해, 적응, 선택, 방법선택, 문제해결, 가치관, 목표설정, 그리고 평가반성으로 정리한다(George D. Demos Bruce Grant).

개별화(Individualization)

내담자의 개성과 특성을 존중한다.

학습과정(Learning process)

내담자의 이해능력과 전문기술의 학습 과정이다.

자유의 신장(Human freedom)

내담자의 자아개념에 의한 선택과 적응의 자유를 인정한다.

조력활동(Helping)

내담자를 돕는 것이 기본이다.

**영**향력 미치기(Influencing behavior)

내담자의 미래 행동에 대해 긍정적인 영향을 주는 것이다.

**자**기이해(Self-understanding)

내담자가 자신을 보다 더 정확히 알 수 있도록 조력한다.

**환**경이해(Environmental understanding)

현재와 미래상황, 직업세계, 사회의 이동성, 세계적 상황의 이해가 필요하다.

**적**응(Adjusting)

내담자가 만족하고 행복할 수 있는 환경을 선택하게 한다.

**선**택(Making choices)

생애계획, 직업, 진학, 배우자, 취미, 해결방안의 선택능력을 습득할 수 있도록 돕는다.

**성**숙(Maturing)

건전한 인격으로 다듬어지게 한다.

**방**법선택(Methodology)

상담의 이론과 적용은 상담자의 가치관에 따라 선택한다.

**문**제해결(Problem-solving)

개인의 문제 해결 능력을 고양시키는 것이 필요하다.

**가**치관(Value-system)

내담자 스스로가 자신의 가치관을 이해하고 점검하도록 돕는다.

**목**표설정(Goals)

상담 목표를 분명히 정하고 그 목표에 도달할 수 있는 구체적이고 전문적인 방법으로 접근한다.

**평**가반성(Evaluating)

상담과정에서 발생되는 문제해결에 대해 기술습득과 훈련을 하고, 수정, 보완, 재교육에 필요성 평가하고 진행하다. 상담자 는 스스로 자신의 정서와 전이, 역전이, 가치관 등을 분석하고  평가한다. 평가반성은 전체 상담과정에서 미흡했던 모든 부분　을 체크하고 평가반성하고 수정을 준비한다.

# Ⅷ. 집단상담 프로그램 실제

Coaching
Counseling

Ⅷ. 집단상담 프로그램 실제

# Ⅷ. 집단상담 프로그램 실제

| 내 감정(마음) 낙서를 통해 표현하기 | |
|---|---|
| 목표 | 자유로운 낙서활동을 통해서 자신의 감정을 마음껏 표현하고 함께 한 구성원들과의 공감대를 형성하고 스스로 마음을 재구성한다. |
| 기대효과 | 1. 낙서활동을 통해 힘들었던 자신의 생각과 감정을 마음껏 표현하여 스트레스를 해소하게 될 것이다.<br>2. 같은 입장의 다른 한부모가족의 고민과 스트레스를 들으면서 공감대를 형성하여 스스로 자신을 위로하게 될 것이다. |
| 진행시간 | 1. 프로그램 도입 및 진행 과정 설명 (5분)<br>2. 자신의 감정을 표현하는 낙서 활동 (20분)<br>3. 자신의 꿈과 관심사 낙서에 대해 발표하기 (15분)<br><br>휴식 10분<br><br>4. 다른 가족에 관련하여 대화하기 (10분)<br>5. 다른 가족이야기 내가 소개하기 (30분)<br>6. 프로그램 마무리 (10분) |

| 구체적인 활동내용 및 기법 | 1. 3명 또는 5명이 1조가 되어 "최근의 관심사 또는 자신의 현재 마음 상태"라는 주제 아래 2절지 전지 위에 색연필로 글과 그림으로 낙서 활동을 한다.<br>2. 낙서 활동을 마친 후에 조별로 한 사람씩 자신의 낙서의 의미에 대해서 발표한다.<br>3. 낙서의 의미 발표 후에 다시 2명씩 짝지어서 서로의 가족에 대해서 이야기를 한 후 다른 가족이야기를 잘 들으면서 특징적인 부분으로 낙서형식으로 A+ 용지에 기록하여 발표하게 한다. |
|---|---|
| 준비물 | 전지 종이 / A4 용지 / 색연필 12색 이상 |
| 유의사항 | 1. 다양한 가정의 유형과 모습이 있다는 것을 사전에 인식할 수 있도록 하여 가족을 소개할 때에 수치감을 가지지 않도록 주의한다.<br>2. 혹시 표현 낙서 자체가 애매하거나 특이할 경우에도 자연스러운 분위기가 될 수 있도록 한다.<br>3. 낙서는 했지만 발표에 대해 머뭇머뭇하는 부분에 대해서 자연스럽게 진행해야 한다. 강요하거나 서두르지 않도록 한다. |

| 서로의 꿈 공감하며 다지기 | |
|---|---|
| 목표 | 다른 구성원들과 자연스러운 신체활동을 하면서 자신의 꿈을 이야기 하고 다른 사람의 꿈에 대해 공감해 주는 가운데 서로에게 용기를 주는데 목적이 있다. |
| 기대효과 | 1. 함께 한 구성원들 각자가 서로 다른 면이 있다는 것을 새삼 인식하게 될 것이다.<br>2. 자신의 꿈과 다름 사람의 꿈이 이루어지기 위해서 마음을 함께 하는 가운데 공감대가 형성될 것이다.<br>3. 서로에게 필요한 존재임을 새삼 알게 될 것이다. |
| 진행시간 | 1. 프로그램 도입 및 진행 과정 설명 (5분)<br>2. 제자리 걷기와 자신의 꿈을 나눔 활동 (10분)<br>3. 자신의 꿈과 계획에 대해서 발표한다. (20분)<br>4. 두 사람이 서로 등을 맞대고 꿈을 구체적으로 이야기 한다. (20분)<br>휴식 10분<br>5. 자신과 친구의 꿈 성취하기 위한 조언 활동 (40분)<br>6. 프로그램 마무리 (5분) |

| | |
|---|---|
| 구체적인 활동 내용 및 기법 | 1. 똑같은 방향에서 자연스럽게 제자리 걷기 한다.<br>2. 어느 정도 걷고 있을 때에 그 상태에서 "이제 눈 감고 계속 똑바로 걸으세요." 한다.<br>3. 약 3분 정도를 걸으면서 자신의 꿈을 생각하면서 걷게 한다.<br>4. 그다음에 눈을 뜨고 보면, 구성원들이 처음 시작했던 방향에서 벗어나 있는 것을 서로 보게 된다.<br>5. 그 때에 인도자는 서로의 위치에서 서로 보게 하고, 다음과 같이 멘트를 한다. 처음에는 바로서서 같이 시작했지만 이제 서로 다른 모습을 말하면서 서로 꿈의 방향이 다름을 인식하게 한다.<br>6. 걸으면서 생각했던 꿈을 발표하게 한다.<br>7. 그리고 2명씩 짝을 서로 마주보면서 서로의 꿈이 이루지기를 마음으로 기도해 준다.<br>8. 그리고 서로의 등을 맞대고 서거나 앉아서 꿈 성취를 위해 조언하고 이야기를 해 준다. |
| 준비물 | 배경음악 (분위기 있는 것, 활기 찬 장르 곡 선정) |
| 유의사항 | 1. 구성원들의 신체활동이라는 것을 명심하고 충돌이나 안전사고에 주의해야 한다.<br>2. 혹시 슬픔의 감정이 올 수 있음에 준비한다. |

| 내가 만약 Who(누구) 라면? | |
|---|---|
| 목표 | 참여자들이 부모님과 아이 입장이 되어서 활동함으로써 참여자가 부모와 아이 입장에 대해 스스로 공감대를 가질 수 있도록 하는 것이 목적이다. |
| 기대효과 | 1. 부모님의 마음을 이해하게 될 것이다.<br>2. 자신의 아이에 대한 사랑과 공감이 증대될 것이다.<br>3. 참여자들이 역지사지(易地思之) 입장에서 부모님과 아이에 대한 공감능력을 향상시키게 될 것이다. |
| 진행시간 | 1. 프로그램 도입 및 진행 과정 설명 (5분)<br>2. 3명-5명이 1조가 된다.<br>3. "내가 만약 부모님이라면" 글을 써 본다. (20분)<br>4. "내 아이 나에게 말한다면" 이라는 주제로 글을 써 본다. (20분)<br><br>휴식 5분<br><br>5. 역할극으로 발표해 본다. (40분)<br>6. 프로그램 마무리 (5분) |

| 구체적인 활동내용 및 기법 | 1. 3명-5명이 1조가 되어 소그룹으로 나눈다.<br>2. 내가 만약 아버지, 어머니라면 어떤 말을 듣고 싶은가에 대해서 기록한다.<br>3. 자신의 아들이 성장해서 자신에게 해 주었으면 하는 말에 대해서 기록한다.<br>4. 의자에 앉게 하고 쓴 글에 대해서 서로가 서로에게 역할극으로 읽어 준다. |
|---|---|
| 준비물 | A4 종이 / 볼펜 / 의자 / 티슈(눈물 나면 필요함.) |
| 유의사항 | 1. 자신의 생각과 감정이 표현될 수 있는 활동으로 지나친 표현이나 감정적인 표현이 될 수 있음에 적당한 조절이 필요하다.<br>2. 역할극을 할 때에 감정이 극하게 표출될 때에는 적절한 타이밍에 인도자의 개입이 필요할 수 있다.<br>3. 그룹에게 서로에 대한 비밀유지를 반드시 주의시켜야 한다. |

<table>
<tr><th colspan="2">노래 개사하여 함께 불러 보기</th></tr>
<tr><td>목표</td><td>평상시에 애창하는 곡 또는 쉽고 친근한 기존노래 곡에다가 개사하여 노래함으로써 지적, 정서적 소통과 마음의 카타르시스(정화)을 돕는 것에 목적이 있다.</td></tr>
<tr><td>기대효과</td><td>1. 애창곡 또는 기존 노래 곡에 같은 입장의 사람들과 함께 부르면서 공감하고 소통이 될 것이다.<br>2. 개사의 활동과 함께 노래하는 과정에서 공감대를 가지고 서로를 격려하게 될 것이다.<br>3. 정서적 음악활동을 통해 감정표현으로 분노조절과 정신적 이완활동을 도울 것이다.<br>4. 개사를 통해서 자신의 심정과 마음을 털어 놓을 수 있는 기회가 될 것이다.</td></tr>
<tr><td>진행시간</td><td>1. 프로그램 도입 및 진행 과정 설명 (5분)<br>2. 소그룹이 노래 선곡하는 시간과 준비 (20분)<br>3. 선곡된 노래에 대해서 개사 시간 (30분)<br>휴식 5분<br>4. 개사한 곡 발표하기 (50분)<br>5. 프로그램 마무리 (10분)</td></tr>
</table>

| 구체적인 활동내용 및 기법 | 1. 개인적으로 애창하는 곡과 3명이 함께 부를 수 있는 노래를 선정하게 한다.<br>2. 개인적 노래와 함께 부를 노래에 대해서 서로 점검하여 선정되면 일차적으로 원곡을 부른다.<br>3. 그 다음에 소그룹 구성원들이 함께 개사한 가사를 실어서 노래 연습을 하게하고 그룹의 누군가가 개사의 의미를 설명하고 노래를 한다.<br>4. 노래 발표 시 춤을 동반하면 더욱 더 좋다.<br>5. 이때에 서로 각 그룹 사람들이 다른 그룹의 발표에 대해 채점하고 우수 팀을 선정하여 시상한다. |
|---|---|
| 준비물 | 종이 / 볼펜 / 스마트 폰 이용한 음악배경 |
| 유의사항 | 1. 노래라는 매개체가 감성을 불러일으키는 동작이기 때문에 어수선 해지거나 분위기 전체를 흐리는 혼잡한 행동을 하지 않도록 유의해야 한다.<br>2. 시간에 쫓기거나 지연되지 않도록 진행해야 한다. |

| 고민 털어놓고 함께 해결책 모색하기 | |
|---|---|
| 목표 | 평상시에 가지고 있는 고민을 털어 놓고 서로의 고민에 대해 공감하고 자신의 입장에서 다른 한부모가족의 고민에 대해 소통하고 공감하고 함께 해결책 모색하는데 목적이 있다. |
| 기대효과 | 1. 같은 입장에서 한부모가족의 고민에 대해 이야기함으로써 공감대를 가지게 되어 위로가 될 것이다.<br>2. 서로의 고민에 대해 해결책을 제시해 보는 과정에서 자신의 문제에 해결책도 스스로 통찰하게 될 것이다. (self-counseling)<br>3. 자신의 문제에 대해 친구들이 해결책을 제시해 준다는 점에서 프로그램 이후에도 서로 간의 공감과 소통의 관계가 지속될 것이다. |
| 진행시간 | 1. 프로그램 도입 및 진행 과정 설명 (5분)<br>2. 색종이 또는 색지에 자신의 고민을 적는다. (10분)<br>3. 서로의 고민에 대해 해결책을 제시한다. (50분)<br>휴식 5분<br>4. 고민을 제시하고 해결하는 과정에서 상담학적 접근을 하면서 서로에게 순환적 질문으로 해결책을 모색해 나간다.(10분) |

| 구체적인 활동내용 및 기법 | 1. 자신의 고민을 적어서 잘 접은 뒤 통에 넣는다.<br>2. 통 안에 있는 다른 사람의 고민이 적힌 쪽지를 제비 뽑는다.<br>3. 제비 뽑아 다른 사람의 고민의 내용을 보고 해결책을 생각하여 발표한다. (서로를 모르게 한다)<br>4. 비밀유지 차원에서 약속이 필요하다.<br>5. 인도자는 고민을 쓴 사람과 해결책을 제시하는 사람 사이를 서로 모르도록 해야 한다.<br>6. 서로의 해결책을 다 제시하는 가운데 진행자는 상담학적인 접근이 필요한 부분에 대해서 구체화 시켜서 공개적인 간접 상담을 할 수 있다. |
|---|---|
| 준비물 | 색종이 또는 색지 / A4용지 / 볼펜 /<br>고민 쪽지를 넣을 수 있는 Box |
| 유의사항 | 1. 자신의 고민과 친구의 고민이 발표 될때에 구성원 간의 미묘한 역동이 형성될 수 있으므로 인도자는 자연스럽게 잘 다루어주어야 한다.<br>2. 고민 중 수치감정, 분노감정 등의 역동을 주의 깊게 관찰하여 순간순간 공개적인 상담이 되어야 한다.<br>3. 비밀유지는 절대적으로 지켜져야 한다. |

<table>
<tr><th colspan="2">풍선활동을 통해 스트레스 날려버리기</th></tr>
<tr><td>목표</td><td>풍선을 통한 몸동작으로 그동안의 스트레스를 날려보려는 행동을 함으로써 자신의 문제에 대한 재인식과 스스로 해결해 보려고 노력을 함으로써 실제적인 해결까지 이어지게 하도록 용기를 주는데 목적이 있다.</td></tr>
<tr><td>기대효과</td><td>1. 풍선을 매체로 하여 답답하고 억압된 감정을 날려 보내는 활동을 통해 스트레스 해소의 도움이 될 것이다.<br>2. 스스로 자신의 문제를 해결해야 할 때도 있지만 다른 사람과 함께 해결해 가는 법도 알게 될 것이다.</td></tr>
<tr><td>진행시간</td><td>1. 프로그램 도입 및 진행 과정 설명 (5분)<br>2. 풍선을 적절하게 불고 자신의 고민 적는다. (20분)<br>3. 풍선을 치면서 “사라 져라” 외친다. (25분)<br><br>휴식 5분<br><br>4. 프로그램 종료 후에 그룹끼리 소감 나눈다. (30분)<br>5. 프로그램 활동 후에 소감 발표하는 시간 (20분)</td></tr>
</table>

| 구체적인 활동 내용 및 기법 | 1. 3명-5명이 소그룹으로 나눈다.<br>2. 서로 마주 보면서 풍선을 분다.<br>3. 풍선 크기는 마주보고 있는 사람이 손으로 싸인해서 상대의 얼굴만큼 불게 한다.<br>4. 풍선위에 유성 펜으로 날려 보내고 싶은 스트레스 내용을 적는다.<br>5. 그리고 풍선을 공중에 날리고 치면서 외친다. "사라 져라" 라고 적당하게 활동한 다음 적절한 시기에 서로 안아서 터트리거나 발로 밟아서 풍선을 터트린다.<br>*** 이때 배경음악이 필요하다**<br>6. 활동을 마친 후에 각자의 소감을 발표한다. |
|---|---|
| 준비물 | 풍선 / 수성 또는 유성 펜 / 배경음악 |
| 유의사항 | 1. 움직이는 활동이므로 안전사고에 유의해야 한다.<br>2. 풍선을 너무 크게 불어 터져서 눈이나 입에 유해물질이 들어가지 않도록 한다.<br>3. 풍선을 과다하게 불다가 폐 기능에 이상이 생기지 않도록 안전사고에 주의한다.<br>4. 풍선을 터트리는 과정에서 너무 장난스럽게 하지 않도록 한다. |

<table>
<tr><th colspan="2">소지품의 의미회상과 길게 더 길게</th></tr>
<tr><td>목표</td><td>자신의 지니고 있는 소지품과 다른 사람의 소지품의 의미를 나누면서 추억을 되새기며 정서적 행복을 재경험 하는데 목적이 있다.</td></tr>
<tr><td>기대효과</td><td>1. 자신의 소지품을 공개하는 것으로 자신의 추억에 대해 다른 사람에게 자연스럽게 공개하게 됨으로써 공감대를 이끌어 낼 수 있다.<br>2. 서로의 아이디어와 대범함을 보면서 서로의 성향을 알아 가며 소통하게 된다.</td></tr>
<tr><td>진행시간</td><td>1. 프로그램 도입 및 진행 과정 설명 (5분)<br>2. 소지품을 다 앞에 공개한다. (10분)<br>3. 소지품에 담긴 의미와 특성을 이야기 한다. (30분)<br>4. 소지품을 가지고 길게 더 길게 연결한다. (20분)<br>가장 길게 또는 정확하게 연결하는 놀이를 한다.<br>5. 서로의 소감을 이야기 한다.(20분)</td></tr>
</table>

| 구체적인 활동 내용 및 기법 | 1. 3명 또는 5명이 한조가 되게 소그룹으로 나눈다.<br>2. 소지품을 공개하고 하나씩 설명하고 의미를 부여하면서 이야기를 한다.<br>3. 소지품을 길게 더 길게 연결하는 놀이를 한다.<br>4. 자신의 옷과 장식품 등 모든 것을 연결하여 전체 길이를 재어 본다.<br>5. 반전으로 정확한 길이 예를 들면, 5m 30㎝, 3m 15㎝ 등에 길이 맞게 나열하는 놀이를 한다.<br>6. 이 과정에서 서로의 느낀 감정을 나누고 서로의 활동에 따른 장점의 성향을 피드백 해 본다. |
|---|---|
| 준비물 | 배경음악 / 7M 줄자 |
| 유의사항 | 1. 서로 밀치고 하는 동안에 안전사고에 유의한다.<br>2. 소지품들에 대해서 비웃거나 비난하는 이야기가 나 올 때에 마무리를 잘 해야 한다.<br>3. 혹시 소지품이 야한 것이나 유해 물질이 나올 때에 당황하지 말고 잘 대처한다. |

| 높이 더 높이 쌓기를 통한 소통 | |
|---|---|
| 목표 | 자신이 가지고 있는 소지품 또는 몸에 지니고 있는 옷, 장신구의 컬러, 디자인에 대한 의미를 서로 이야기 한 후 그 물건을 가지고 높이 더 높이 쌓는 활동을 같이 함으로써 공동체와 협력과 아이디어를 공유하고 공감대를 형성하게 하는데 목적이 있다. |
| 기대효과 | 1. 서로의 취향과 성격을 이해할 수 있는 기회로 더 친밀한 관계가 되어 서로에게 버팀목이 될 것이다.<br>2. 함께 협력하는 공감적 행동을 통해서 친밀감을 높이게 될 것이다. |
| 진행시간 | 1. 프로그램 도입 및 진행과정 설명 (5분)<br>2. 소지품을 각각 3-5개씩 내어 놓는다 (5분)<br>3. 서로 내놓은 소지품에 대해서 돌아가면서 이야기한다. (30분)<br>4. 소지품, 옷, 장신구 등의 특별히 선호하는 컬러에 대해서 이야기한다. (20분)<br>5. 어느 정도 높이를 제시하고 그 높이만큼 소지품과 옷, 장신구를 가지고 쌓는 활동을 한다. (10분)<br>6. 전체 소지품을 높게 쌓아 올린다. (20분)<br>7. 서로 소감을 이야기한다. (20분) |

| 구체적인 활동내용 및 기법 | 1. 3명 또는 5명이 한 팀이 된다.<br>2. 자신의 소지품과 장신구, 옷 등을 앞에 놓는다.<br>3. 소지품의 전체 가격을 매겨서 가장 많은 액수가 나온 개인과 팀을 선정한다.<br>4. 소지품에 대한 의미와 컬러의 의미를 이야기한다.<br>5. 손 뼘을 팀 별로 높이 연장하여 높이를 알아본다.<br>5. 그리고 전체 팀의 손 뼘 높이만큼 모든 것을 총동원 하여 높이 쌓아 올려 본다.<br>6. 서로 소감을 이야기한다. |
|---|---|
| 준비물 | 배경음악 / 7M 줄자 |
| 유의사항 | 1. 서로 밀치고 하는 사이에 안전과 높이 쌓아 올린 물건들이 낙상하여 사고 나지 않도록 유의한다.<br>2. 소지품들에 대해서 비웃거나 비난하는 이야기가 나올 때에 마무리를 잘 해야 한다.<br>3. 혹시 소지품이 야한 것이나 유해 물질이 나올 때에 당황하지 말고 잘 대처한다. |

| 꽃과 동물 가족화 그리기 | |
|---|---|
| 목표 | 자신의 가족에 대하여 긍정적인 부분을 고려하여 다른 한부모가족에게 소개함으로써 삶의 힘을 얻게 한다. |
| 기대효과 | 1. 자신의 가족을 꽃과 동물로 표현함으로써 자연스럽게 공개한다.<br>2. 서로의 가족에 대한 이해의 폭을 넓힌다.<br>3. 자신의 가족을 돌아보고 가족 내에서 자신과의 관계를 이해할 수 있다.<br>4. 서로 이해하고 위로할 수 있는 집단원의 역할을 성장시킨다. |
| 진행시간 | 1. 프로그램 도입 및 진행과정 설명(5분)<br>2. 꽃과 동물이 그려 있는 밑그림을 나누어 준다.(3분)<br>3. 자신의 가족을 표현할 수 있는 동물을 오려 붙이고 꾸민 후 각 가족의 특징을 적는다.(20분)<br>4. 함께 자신의 활동지를 보여주며 이야기를 나눈다.(15분)<br>5. 프로그램의 소감, 느낌 나누고 마무리(4분) |

| 구체적인 활동 내용 및 기법 | 1. 프로그램 도입 및 진행과정 설명<br>2. 꽃과 동물그림 시트지를 나누어 준다.<br>3. 자신의 가족을 연상시키거나 그 특징을 잘 설명하는 것 같은 동물을 오려 붙인다.<br>4. 오려서 붙인 동물을 색칠하고 주변을 꾸며 준다.<br>5. 동물의 밑에 표현하고자 하는 가족을 적는다.<br>6. 각 가족이 많이 쓰는 말, 많이 하는 행동, 장점 등을 적는다.<br>7. 함께 자신의 활동지를 보여주며 각 가족에 대한 이야기를 나눈다.<br>8. 프로그램에 대한 소감, 느낌을 간단하게 이야기하고 마무리한다. |
|---|---|
| 준비물 | 꽃과 동물그림 시트지, 도화지, 크레파스,<br>가위, 풀, 싸인펜. |
| 유의사항 | 1. 현대 가족의 형태는 다양함을 서로 인식하고 어떤 형태든 건강한 가정일 수 있음을 잊지 않는다. (편모, 편부, 조부모 가정. 다문화 가정 등)<br>2. 각 가족의 긍정적인 면에 초점을 맞춘다.<br>3. 공개 하고 싶은 만큼만 공개할 수 있도록 허용적인 분위기를 조성한다. |

<table>
<tr><th colspan="2">비속사람 그림과 자화상</th></tr>
<tr><td>목표</td><td>스트레스 상황에 대처능력에 대해서 함께 하는 한부모 가족 집단구성원들과 공유하고 공감대를 경험한다.</td></tr>
<tr><td>기대효과</td><td>1. 자신의 스트레스 상황을 살펴보고 무엇이 가장 힘들게 하는 것인지 알아본다.<br>2. 다른 한부모가족의 구성원의 스트레스 대처방법을 배우고 경험한다.<br>3. 자신과 비슷한 문제를 가지고 있는 구성원이 있음을 깨닫게 되고 경험하고 공감을 배운다.</td></tr>
<tr><td>진행시간</td><td>1. 프로그램 도입 및 진행과정 설명(5분)<br>2. 빗 속 사람 그림 그리기(15분)<br>3. 이야기 나누기(20분)<br>4. 조별로 작업한 전지에 표현하기(10분)<br>5. 조별 발표하기(20분)<br>프로그램의 소감, 느낌 나누고 마무리(5분)</td></tr>
</table>

|  |  |
|---|---|
| 구체적인 활동내용 및 기법 | 1. 프로그램 도입 및 진행 과정 설명(5분)<br>2. 현재 스트레스 또는 자신의 고민을 잠깐 나눈다.<br>3. 비가 많이 온다고 상상하고 빗속에 사람 그림을 그린다.<br>4. 구성원 간에 돌아가면서 자신의 이야기를 나눈다.<br>5. 조별로 전지에 각 조원의 이야기를 모아서 표현하여 붙인다.<br>6. 이런 스트레스를 받았을 때에는 이렇게 해보라고 설명하면서 자신의 의견과 해결방안을 제안하고 나눈다.<br>7. 프로그램의 소감, 느낌을 나누고 마무리 한다. |
| 준비물 | 전지, A4용지, 크레파스, 색연필, 유성매직 |
| 유의사항 | 1. 다른 사람의 고민에 대하여 비난하거나 평가하지 않고 비밀을 지키게 한다.<br>2. 건강하고 긍정적인 피드백을 줄 수 있도록 지도한다.<br>3. 다른 구성원에게 공감받고 격려를 할 수 있는 분위기를 조성한다. |

| 신문지 찢기를 통한 감정표출과 스트레스 해소 | |
|---|---|
| 목표 | 신문지를 찢고 스트레스를 날리며 표현되지 못하고 억눌렸던 감정을 마음껏 발산하여 그 감정을 집단원이 함께 처리하여 집단의 공감대를 갖는다. |
| 기대효과 | 1. 신문지를 찢을 때 들리는 청각, 시각, 운동 효과로 스트레스를 푼다.<br>2. 평소 할 수 없는 행동을 하며 감정의 분출을 돕는다.<br>3. 협동하여 감정을 해결한다.<br>4. 분출한 감정의 신문지를 뭉쳐 공을 만들거나 형상을 만들어 긍정적으로 전환시킨다. |
| 진행시간 | 1. 프로그램 도입 및 진행과정 설명(5분)<br>2. 신문지 찢기(10분)<br>3. 찢은 신문지로 작업하기(20분)<br>4. 조별로 작업한 조각 발표하기(15분)<br>5. 프로그램의 소감, 느낌 나누고 마무리(20분) |

| 구체적인 활동내용 및 기법 | 1. 프로그램 도입 및 진행 과정을 설명(5분)<br>2. 두 명이 양쪽에서 신문지를 잡고 한 명이 손 또는 주먹으로 신문지를 내리쳐서 찢는다. 2번의 활동을 전부 돌아가며 한 후 신문지를 반으로 접어 다시 반복한다.<br>3. 그다음은 신문지를 마음껏 찢는다.<br>4. 찢은 신문지를 날려도 보고 모두 모아 수북이 쌓아서 그 위에서 뒹굴고 놀 수도 있다.<br>5. 조를 3개조로 나누어 찢은 신문지를 이용하여 소망 나무 만들기를 한다.<br>6. 전지에 소망나무를 붙이고 소망나무에 각 조원의 소망열매를 만들어 매단다.<br>7. 조별 소망나무 작품에 대해 발표한다.<br>8. 프로그램의 소감, 느낌 나누고 마무리 한다. |
|---|---|
| 준비물 | 신문지(많이), 스카치 테잎, 풀, 털실이나 끈, 4절지(조별 1장), 색종이, 색한지(갈색, 초록색) |
| 유의사항 | 1. 감정표현에 몰두하는 동안 안전에 유의해야 한다.<br>2. 감정표출로 인한 비밀유지를 약속, 주지시킨다. |

<table>
<tr><th colspan="2">행복한 기억 찾기 : 집단화</th></tr>
<tr><td>목표</td><td>각 개인의 행복한 이미지를 모아 한 이야기를 만들고 공유한다. 한부모가족의 감정분화를 돕는다.</td></tr>
<tr><td>기대효과</td><td>1. 행복한 기억을 찾아 긍정적인 자원 만들기<br>2. 구성원들의 행복한 기억을 이야기하고 공유한다.<br>3. 다른 사람의 경험을 듣고 이해한다.<br>4. 이야기를 꾸미며 협동한다.<br>5. 다양한 긍정적인 감정을 알고 이해한다.</td></tr>
<tr><td>진행시간</td><td>1. 프로그램 도입 및 진행과정 설명(5분)<br>2. 밑그림 그리기(10분)<br>3. 각 구성원 개인그림 그리기(20분)<br>4. 조별로 작업한 전지에 그림을 모두 붙이고 이야기 만들기(10분)<br>5. 조별 발표하기(20분)<br>6. 프로그램의 소감, 느낌 나누고 마무리(10분)</td></tr>
</table>

| 구체적인 활동 내용 및 기법 | 1. 프로그램 도입 시 긍정적인 감정을 다루어준다.<br>(좋았던 일 추억적인 사건 행보갰던 시간 등.)<br>2. 각 조별 밑그림을 그린다.(물고기, 책, 하트, 배 등)<br>3. 떠오르는 행복한 기억을 찾아 그린다.<br>4. 조별로 자신이 그린 행복한 기억을 이야기 나누기.<br>5. 그림을 모아 전지에 붙이고 전체 이야기를 만든다.<br>6. 조별 발표한다.<br>7. 프로그램 소감과 느낌 나누고 마무리한다. |
|---|---|
| 준비물 | 검정 도화지, 크레파스 |
| 유의사항 | 1. 그림 속에 자신의 감정을 표현할 때에 자책감이나 수치심을 갖지 않도록 지도한다.<br>2. 다른 사람의 감정표현에 대해서 부정적인 설명을 하지 않도록 지도한다. |

| 내 실력 보여주기 (꼴라주) | |
|---|---|
| 목표 | 잡지에 있는 그림이나 색채를 자신이 원하고 좋아하는 대로 선택하여 손 가는대로 마음껏 찢거나 가위로 오려서 밑그림에 붙이는 작업을 통해서 자신의 욕구를 표출해보고 내가 좋아하는 스타일을 마음껏 표현함으로 자신을 표현하고 알림으로써 자신을 갖게 하는데 목적이 있다. |
| 기대효과 | 1. 함께 밑그림을 그린 공간에 자신의 스타일대로 붙이는 활동을 통해서 욕구 충족을 할 수 있다.<br>3. 친구와 함께 하는 활동을 통해서 친구의 성향과 스타일을 알아가면서 공감과 소통을 할 수 있는 기회가 될 수 있다. |
| 진행시간 | 1. 프로그램 도입 및 진행 과정 설명 (5분)<br>2. 2절지에 자신의 공간을 정하고 그 공간에 원하는 그림(사람/동물/꽃/기타 등등)을 그린다.(10분)<br>3. 잡지를 넘겨가면서 오리고 찢어서 그림의 공간을 풀로 붙이면서 채워간다(30분)<br>4. 함께 한 친구들과 자신의 작품에 대해서 소개하고 소감을 발표해 본다(20분)<br>5. 소감과 느낌에 대한 것을 간략하게 나누고 마무리 |

| | |
|---|---|
| 구체적인 활동 내용 및 기법 | 1. 3명 또는 5명이 한 팀이 된다.<br>2. 2절지 종이 위에 3명 정도가 작품을 그리고 붙이는 활동을 한다.<br>3. 잡지를 찍거나 오려 붙이는 작업에서 전체 찍어서 붙이는 종이 숫자가 70-100개 사이로 한다.<br>4. 밑그림을 그리기 싫은 사람은 잡지에 있는 그림이나 색채를 활용하여 자신만의 스타일을 만들어 본다.<br>5. 자신의 작품에 대해서 발표한다. |
| 준비물 | 2절지/ 색연필/ 또는 필기구/ 잡지 / 풀 / 배경음악 |
| 유의사항 | 1. 예리한 잡지를 만지다가 손을 빌 수도 있다는 것에 주의해야 한다.<br>2. 가위를 사용하는 활동으로써 안전사고에 주의한다. |

# 참고문헌

Clark, Arthur J. 김영애역. 방어기제를 다루는 상담기법. 김영애가족치료연구소, 2005.

Corey, Gerald Theory and Practice of Counseling and Psychotherapy (Fifth Ed.,) An International Thomson Publishing Company. 1996.

Corey, Gerald Marianne, Schneider Corey, Patrick Callanan, J. Michael Russell, 김춘경, 최웅용공역. 집단상담 기법. Cengage Learning. 2005.

Corsini, Raymond J. with the Assistance of Danny Wedding, 김정희, 이장호역, Current Psychotherapies, 현대심리치료, 중앙적성출판사, 1996.

Martin G. David, Counseling and Therapy Skills, Waveland Press, 1983.

Jones, Stanton L. & Butman, Richard E. 이관직 역, Modern Psychotherapies, -A Comprehensive Christian Appraisal-, 현대심리치료법-기독교적인 평가-, 총신대학출판사, 1995.

Hall, C. S. G. Lindzey, 이상로 외 공저, Theories of Personality, 성격의 이론, 서울: 중앙적성 출판사, 1995.

H. Hartmann, (1939). Ego Psychology and the Problem of Adaptation. New York: Int. Univ. Press, 1958. Weinshel, E. (1971). The ego in health and normality. JAPA, 18:682-735.

H. Hartmann, (1964). Essays in Ego Psychology. New York: Int. Univ. Press, 1964.

Heaton, Jeanne Albronda. 상담 및 심리치료의 기본기법. 김창대역. 학지사 2006.
Hjelle, L.A. Ziegler, D.J. 이훈구역. Personality Theories, 성격심리학, 서울:범문사,1995.
R. Michaels, & Yaeger, R. K. Adaptation. PMC. Forthcoming. Waelder, R. (1930). The principle of multiple function. PQ, 5:45-62, 1936.
Pervin, Lawrence A. 정영숙외 2인 옮김. The Science of Personality 성격심리학. 서울: 박학사. 2005.
Thompson, Rosemary A. 김춘경역, 상담기법. 학지사 2007.
폴D. 티저& 바바라 배런 티저 지음, 강주헌 역, 사람의
성격을 읽는 법, 서울: 더난출판, 2001.

김상인, 정신건강과 방어기제, 한국전인교육개발원, 2009.
김상인, 상담심리용어사전, 만남과 치유, 2014.
김정희, 심리학의 이해, 학지사, 1996.
김환 · 이장호, 상담면접의 기초, 학지사, 2013.
박태수 · 고기홍, 개인상담의 실체, 학지사, 2013.
신경진. 상담의 과정과 대화 기법. 학지사. 2010.
윤순임 외 14 공저, 현대상담. 심리치료의 이론과 실제, 중앙적성출판사, 1995.
최정훈 외 5 공저, 인간행동의 이해, 범문사. 1995.
위키백과 사전/두산백과 사전/정신분석 사전/심리학
사전/사회심리학 사전/교육학 용어사전/체육학대사전

# 교사를 위한 코칭상담

Coaching Counseling for Teacher

초판 인쇄 2014년 12월 5일
2 쇄 발행 2015년 2월 2일

저 자 김 상 인
펴낸 곳 만남과 치유 (Meeting & Healing)

주 소 서울시 송파구 위례성대로 12길 34, 201호
(방이동163-9)
E-Mail : counseling@anver.com
Telephone : 070-7132-1080

정 가 11,000 원
잘못 만들어진 책은 본사 및 구입처에서 교환해 드립니다..
ISBN : 978-89-967463-5-5 91180